Délices Sucrés

Les Secrets des Gâteaux Parfaits

Camille Dubois

CONTENU

Gâteau de campagne coulant 12
Pain d'épices américain sauce citron 13
Pain d'épices au café 15
Gâteau à la crème au gingembre 16
Gâteau au gingembre de Liverpool 17
Pain d'épices à l'avoine 18
Pain d'épices collant 20
Pain d'épices aux grains entiers 21
Gâteau au miel et aux amandes 22
Gâteau au citron 23
Anneau de thé glacé 24
Le gâteau de Lara 26
Gâteau aux pommes de terre et au cumin 27
Gâteau marbré 28
Gâteau du Lincolnshire 29
Gâteau au pain 30
Gâteau à la marmelade 31
Gâteau aux graines de pavot 32
Gâteau Au Yaourt Nature 33
Gâteau aux prunes et à la crème 34
Gâteau aux framboises et glaçage au chocolat 36
Gâteau de sable 37
Gâteau aux graines 38
Gâteau aux anneaux salé 39

Gâteau étagé salé	40
Gâteau au sucre et à la cannelle	41
Gâteau au thé victorien	42
Gâteau Aux Fruits Universel	43
Gâteau aux fruits tout-en-un	44
Gâteau aux fruits australien	45
Gâteau riche américain	46
Gâteau aux fruits et à la caroube	48
Gâteau Aux Fruits Au Café	49
Gâteau lourd de Cornouailles	51
Gâteau aux groseilles	52
Gâteau Aux Fruits Noirs	53
Coupez et revenez le gâteau.	55
Gâteau Dundee	56
Gâteau aux fruits sans œufs pour la nuit	57
Gâteau aux fruits infaillible	58
Gâteau Aux Fruits Au Gingembre	60
Gâteau de campagne au miel et aux fruits	61
Gâteau de Gênes	62
Gâteau à la crème glacée aux fruits	64
Gâteau aux fruits à la Guinness	66
Pâte hachée	67
Gâteau aux flocons d'avoine et aux abricots	68
Gâteau aux fruits pour la nuit	69
Gâteau aux raisins secs et aux épices	70
Gâteau Richmond	71
Gâteau Aux Fruits Au Safran	72

Gâteau aux fruits et au soda	73
Gâteau aux fruits rapide	74
Gâteau Aux Fruits Au Thé Chaud	75
Gâteau Aux Fruits Au Thé Froid	76
Gâteau Aux Fruits Sans Sucre	77
Petits Gâteaux Aux Fruits	78
Gâteau aux fruits au vinaigre	80
Gâteau au whisky de Virginie	81
Gâteau aux fruits gallois	82
Gâteau Aux Fruits Blancs	83
tarte aux pommes	84
Tarte aux pommes avec dessus croustillant	85
Gâteau américain aux pommes	86
Gâteau aux pommes avec purée	87
Gâteau au cidre de pomme	88
Gâteau aux pommes et à la cannelle	89
Gâteau aux pommes espagnol	90
Gâteau aux pommes et à la sultane	92
Gâteau aux pommes à l'envers	93
Gâteau aux abricots	94
Gâteau aux abricots et gingembre	95
Gâteau aux abricots éméché	96
gâteau à la banane	97
Gâteau croustillant à la banane	98
Génoise à la banane	99
Gâteau aux bananes à haute teneur en fibres	100
Cake banane et citron	101

Gâteau au chocolat au mixeur	102
Gâteau banane-noix	103
Gâteau universel aux bananes et raisins secs	104
Gâteau à la banane et au whisky	105
Gâteau aux myrtilles	106
Pavé Cerise	107
Gâteau aux cerises et à la noix de coco	108
Gâteau Sultana Aux Cerises	109
Gâteau givré aux cerises et aux noix	110
Gâteau aux prunes	111
Gâteau aux dattes et aux noix	112
gâteau au citron	113
gâteau aux amandes et à l'orange	114
Gâteau à l'avoine	115
Gâteau glacé épicé à la mandarine	116
Gâteau à l'orange	117
Gateau aux pêches	118
Gâteau à l'orange et au marsala	119
Gâteau aux pêches et poires	120
Gâteau moelleux à l'ananas	121
Gâteau à l'ananas et aux cerises	122
Gâteau Natal à l'Ananas	123
Ananas à l'envers	124
Gâteau à l'ananas et aux noix	125
Gâteau aux framboises	126
Gâteau à la rhubarbe	127
Gâteau à la rhubarbe et au miel	128

Gâteau à la betterave	129
Gâteau aux carottes et à la banane	130
Gâteau aux carottes et aux pommes	131
Gâteau aux carottes et à la cannelle	132
Gâteau Aux Carottes Et Aux Courgettes	133
Gâteau aux carottes et au gingembre	134
Gâteau aux carottes et aux noix	135
Gâteau aux carottes, à l'orange et aux noix	136
Gâteau aux carottes, ananas et noix de coco	137
Gâteau aux carottes et aux pistaches	138
Gâteau aux carottes et aux noix	139
Gâteau aux carottes épicé	140
Gâteau aux carottes et au sucre	142
Gâteau aux courgettes et à la moelle	143
Gâteau aux courgettes et à l'orange	144
Gâteau aux courgettes épicé	145
Gateau à la citrouille	147
Gâteau fruité à la citrouille	148
Rouleau de citrouille épicé	149
Gâteau à la rhubarbe et au miel	151
Gâteau Aux Pommes De Terre	152
Gâteau italien aux amandes	154
Gâteau aux amandes et au café	155
Gâteau aux amandes et au miel	156
Gâteau aux amandes et au citron	157
Gâteau aux amandes et à l'orange	158
Gâteau riche aux amandes	159

Macaron suédois	160
Pain à la noix de coco	161
un gâteau à la noix de coco	162
Gâteau Doré À La Noix De Coco	163
Un gâteau à la noix de coco	164
Gâteau à la noix de coco et au citron	165
Gâteau du Nouvel An à la noix de coco	166
Gâteau noix de coco et sultane	167
Gâteau croquant aux noix	168
Gâteau aux cacahuètes mélangées	169
Gâteau grec aux noix	170
Gâteau à la crème glacée aux arachides	171
Gâteau aux noix et crème au chocolat	172
Gâteau aux noix, au miel et à la cannelle	173
Barres aux amandes et au miel	174
Barres au crumble de pommes et cassis	176
Barres à l'abricot et à l'avoine	177
Abricots croustillants	178
Barres aux arachides et aux bananes	179
brownie américain	180
Brownie au chocolat et fudge	181
Brownie aux noix et au chocolat	182
Barres de beurre	183
Gâteau aux cerises et au caramel	184
Gâteau aux pépites de chocolat	185
Une couche de crumble à la cannelle	186
Barres collantes à la cannelle	187

Barres à la noix de coco 188

Barres sandwich à la noix de coco et à la confiture 189

Plateau de dattes et pommes 190

tranches de dattes 191

Les barres de grand-mère 192

Barres aux dattes et à l'avoine 193

Barres aux dattes et aux noix 194

Barres aux figues 195

Flapjacks 196

Flapjacks aux cerises 197

Flapjacks au chocolat 198

Flapjacks fruités 199

Flapjacks aux fruits et aux noix 200

Flapjacks au gingembre 201

Flapjacks aux arachides 202

Biscuits épicés au citron 203

Carrés Moka et Noix de Coco 204

Bonjour Dolly Cookies 206

Barres de noix de coco et chocolat 207

Carrés aux noix 208

Tranches de noix de pécan et d'orange 209

Parking 210

barres de beurre de cacahuète 211

Tranches de pique-nique 212

Barres ananas-coco 213

Gâteau à la levure de prune 214

Barres américaines à la citrouille 216

Barres aux coings et aux amandes 217

barres aux raisins 219

Carrés à l'avoine et aux framboises 220

Gâteau de campagne coulant

Pour un gâteau d'un diamètre de 18 cm

225 g/8 oz/1 1/3 tasse de fruits secs mélangés (mélange à gâteau aux fruits)

75 g/3 oz/1/3 tasse de jus de bœuf (shortening)

150 g/5 oz/2/3 tasse de cassonade molle

250 ml/8 fl oz/1 tasse d'eau

225 g/8 oz/2 tasses de farine de blé entier (blé entier).

5 ml/1 cuillère à café de levure chimique

2,5 ml/½ cuillère à café de bicarbonate de soude (bicarbonate de soude)

5 ml/1 cuillère à café de cannelle moulue

Une pincée de muscade râpée

Une pincée de clous de girofle moulus

Portez à ébullition les fruits, le jus, le sucre et l'eau dans une casserole à fond épais et laissez mijoter 10 minutes. Laisser refroidir. Mélangez le reste des ingrédients dans un bol, puis versez le mélange fondu et mélangez délicatement. Verser dans un moule à pâtisserie graissé et chemisé d'un diamètre de 18 cm/7 et cuire au four préchauffé à 180°C/350°F/thermostat 4 pendant 1h30 jusqu'à ce qu'il ait bien levé et commence à se décoller des côtés. de l'étain.

Pain d'épices américain sauce citron

Pour un gâteau d'un diamètre de 20 cm

225 g/8 oz/1 tasse de sucre cristallisé

50 g de beurre fondu ou de margarine

30 ml/2 cuillères à soupe de mélasse verte (mélasse)

2 blancs d'œufs légèrement battus

225 g/8 oz/2 tasses de farine nature (tout usage)

5 ml/1 cuillère à café de bicarbonate de soude (bicarbonate de soude)

5 ml/1 cuillère à café de cannelle moulue

2,5 ml/½ cuillère à café de clous de girofle moulus

1,5 ml/¼ cuillère à café de gingembre moulu

Pincée de sel

250 ml/8 oz/1 tasse de babeurre

Pour la sauce:

100 g/4 oz/½ tasse de sucre en poudre (très fin).

30 ml/2 cuillères à soupe de farine de maïs (amidon de maïs)

Pincée de sel

Une pincée de muscade râpée

250 ml/8 fl oz/1 tasse d'eau bouillante

15 g/½ oz/1 cuillère à soupe de beurre ou de margarine

30 ml/2 cuillères à soupe de jus de citron

2,5 ml/½ cuillère à café de zeste de citron finement râpé

Mélangez le sucre, le beurre ou la margarine et la mélasse. Incorporer les blancs d'œufs. Mélangez la farine, le bicarbonate de soude, les épices et le sel. Mélanger alternativement la farine et le babeurre avec le beurre et le sucre jusqu'à ce que le tout soit bien mélangé. Verser dans un moule à cake (plaque) de 20 cm de diamètre graissé et fariné et cuire au four préchauffé à 200°C/400°F/thermostat 6 pendant 35 minutes, jusqu'à ce qu'un cure-dent inséré au centre en ressorte propre. Laisser refroidir dans le moule 5 minutes avant de démouler sur une grille pour terminer le refroidissement. Le gâteau peut être servi froid ou tiède.

Pour préparer la sauce, mélangez le sucre, la fécule de maïs, le sel, la muscade et l'eau dans une petite casserole à feu doux et remuez jusqu'à ce que le tout soit bien mélangé. Laisser mijoter en remuant jusqu'à ce que le mélange soit épais et clair. Mélanger le beurre ou la margarine et le jus et le zeste de citron et cuire jusqu'à ce que le tout soit bien mélangé. Verser sur le pain d'épices pour servir.

Pain d'épices au café

Pour un gâteau d'un diamètre de 20 cm

200 g/7 oz/1¾ tasse de farine autolevante.

10 ml/2 cuillères à café de gingembre moulu

10 ml/2 cuillères à café de grains de café instantané

100 ml/4 fl oz/½ tasse d'eau chaude

100 g de beurre ou de margarine

75 g/3 oz/¼ tasse de doré (sirop de maïs léger).

50 g/2 oz/¼ tasse de cassonade molle

2 oeufs, battus

Mélangez la farine et le gingembre. Dissoudre le café dans l'eau chaude. Faire fondre la margarine, le sirop et le sucre, puis mélanger avec les ingrédients secs. Incorporer le café et les œufs. Verser dans un moule à cake de 20 cm de diamètre beurré et saupoudré de chapelure et enfourner au four préchauffé à 180°C/350°F/thermostat 4 pendant 40-45 minutes jusqu'à ce que la pâte ait bien levé et ne soit plus élastique au toucher. .

Gâteau à la crème au gingembre

Pour un gâteau d'un diamètre de 20 cm

175 g/6 oz/¾ tasse de beurre ou de margarine, ramollie

150 g/5 oz/2/3 tasse de cassonade molle

3 œufs légèrement battus

175 g/6 oz/1½ tasse de farine autolevante (autolevante)

15 ml/1 cuillère à soupe de gingembre moulu Pour la garniture :

150 ml/¼ pt/2/3 tasse de crème double (épaisse)

15 ml/1 cuillère à soupe de sucre en poudre (confiserie), tamisé

5 ml/1 cuillère à café de gingembre moulu

Crémer le beurre ou la margarine avec le sucre jusqu'à consistance légère et mousseuse. Ajoutez progressivement les œufs, puis la farine et le gingembre et mélangez bien. Verser dans deux moules à pâtisserie (moules) de 20 cm de diamètre graissés et tapissés de chapelure et cuire au four préchauffé à 180°C/350°F/thermostat 4 pendant 25 minutes, jusqu'à ce qu'il soit bien levé et élastique au toucher. Laisser refroidir.

Fouettez la crème avec le sucre et le gingembre jusqu'à ce qu'elle soit ferme, puis disposez les biscuits ensemble.

Gâteau au gingembre de Liverpool

Pour un gâteau d'un diamètre de 20 cm

100 g de beurre ou de margarine

100 g/4 oz/½ tasse de sucre demerara

30 ml/2 cuillères à soupe de sirop de maïs doré (léger)

225 g/8 oz/2 tasses de farine nature (tout usage)

2,5 ml/½ cuillère à café de bicarbonate de soude (bicarbonate de soude)

10 ml/2 cuillères à café de gingembre moulu

2 oeufs, battus

225 g/8 oz/11/3 tasse de raisins secs (raisins dorés)

50 g / 2 oz / ½ tasse de gingembre confit (confit), haché

Faire fondre le beurre ou la margarine avec le sucre et le sirop à feu doux. Retirer du feu et incorporer les ingrédients secs et l'œuf et bien mélanger. Incorporer les raisins secs et le gingembre. Verser dans un moule carré (plaque) de 20 cm de diamètre beurré et recouvert de papier sulfurisé et cuire au four préchauffé à 150°C/300°F/thermostat 3 pendant 1h30 jusqu'à ce qu'il soit élastique au toucher. Le gâteau peut couler un peu au milieu. Laisser refroidir dans le moule.

Pain d'épices à l'avoine

Pour un gâteau mesurant 35 x 23 cm/14 x 9

225 g/8 oz/2 tasses de farine de blé entier (blé entier).

75 g/3 oz/¾ tasse de flocons d'avoine

5 ml/1 cuillère à café de bicarbonate de soude (bicarbonate de soude)

5 ml/1 cuillère à café de crème tartare

15 ml/1 cuillère à soupe de gingembre moulu

225 g/8 oz/1 tasse de beurre ou de margarine

225 g/8 oz/1 tasse de cassonade molle

Mélanger la farine, les flocons d'avoine, le bicarbonate de soude, la crème de tartre et le gingembre dans un bol. Incorporer le beurre ou la margarine jusqu'à ce que le mélange ressemble à de la chapelure. Incorporer le sucre. Presser fermement la pâte dans un moule à gâteau graissé de 35 x 23 cm/14 x 9 et cuire au four préchauffé à 160°C/325°F/thermostat 3 pendant 30 minutes jusqu'à ce qu'elle soit dorée. Couper en carrés pendant qu'ils sont chauds et laisser refroidir complètement dans le moule.

   Pain d'épices à l'orange

   Pour un gâteau d'un diamètre de 23 cm/9

   450 g/1 lb/4 tasse de farine nature (tout usage)

   5 ml/1 cuillère à café de cannelle moulue

   2,5 ml/½ cuillère à café de gingembre moulu

   2,5 ml/½ cuillère à café de bicarbonate de soude (bicarbonate de soude)

   175g/6oz/2/3 tasse de beurre ou de margarine

   175g/6oz/2/3 tasse de sucre cristallisé

   75 g / 3 oz / ½ tasse de glaçage (candidat) zeste d'orange, haché

   Zeste râpé et jus d'une ½ grosse orange

   175 g/6 oz/½ tasse de sirop de maïs doré (léger), réchauffé

   2 œufs légèrement battus

Un peu de lait

Mélangez la farine, les épices et le bicarbonate de soude, puis incorporez le beurre ou la margarine jusqu'à ce que le mélange ressemble à de la chapelure. Ajoutez le sucre, le zeste et le zeste d'orange, puis faites un puits au centre. Mélangez le jus d'orange et le sirop chauffé, puis mélangez les œufs jusqu'à obtenir une consistance molle et tombante, en ajoutant un peu de lait si nécessaire. Bien battre, puis disposer dans un moule à cake carré de 23 cm beurré et cuire au four préchauffé à 160°C/325°F/thermostat 3 pendant 1 heure, jusqu'à ce que la pâte ait bien levé et ne soit plus élastique au toucher.

Pain d'épices collant

Pour un gâteau d'un diamètre de 25 cm/10

275 g/10 oz/2½ tasses de farine nature (tout usage)

10 ml/2 cuillères à café de cannelle moulue

5 ml/1 cuillère à café de bicarbonate de soude (bicarbonate de soude)

100 g de beurre ou de margarine

175 g/6 oz/½ tasse dorée (sirop de maïs léger).

175 g/6 oz/½ tasse de mélasse noire (mélasse)

100 g/4 oz/½ tasse de cassonade molle

2 oeufs, battus

150 ml/¼ pt./2/3 tasse d'eau chaude

Mélangez la farine, la cannelle et le bicarbonate de soude. Faire fondre le beurre ou la margarine avec le sirop, la mélasse et le sucre et verser dans les ingrédients secs. Ajouter les œufs et l'eau et bien mélanger. Verser dans un moule carré (25 cm/10) beurré et recouvert de papier sulfurisé. Cuire au four préchauffé à 180 °C/350 °F/thermostat 4 pendant 40 à 45 minutes, jusqu'à ce qu'ils soient bien levés et élastiques au toucher.

Pain d'épices aux grains entiers

Pour un gâteau d'un diamètre de 18 cm

100 g / 4 oz / 1 tasse de farine nature (tout usage)

100 g/4 oz/1 tasse de farine de blé entier (blé entier).

50 g/2 oz/¼ tasse de cassonade molle

50 g/1/3 tasse de raisins secs (raisins dorés)

10 ml/2 cuillères à café de gingembre moulu

5 ml/1 cuillère à café de cannelle moulue

5 ml/1 cuillère à café de bicarbonate de soude (bicarbonate de soude)

Pincée de sel

100 g de beurre ou de margarine

30 ml/2 cuillères à soupe de sirop de maïs doré (léger)

30 ml/2 cuillères à soupe de mélasse verte (mélasse)

1 œuf légèrement battu

150 ml/¼ pt./2/3 tasse de lait

Mélanger les ingrédients secs ensemble. Faire fondre le beurre ou la margarine avec le sirop et la mélasse et incorporer les ingrédients secs avec l'œuf et le lait. Verser dans un moule à pâtisserie graissé et pané (18 cm de diamètre) et cuire au four préchauffé à 160°C/325°F/thermostat 3 pendant 1 heure, jusqu'à ce qu'il soit élastique au toucher.

Gâteau au miel et aux amandes

Pour un gâteau d'un diamètre de 20 cm

250 g de carottes râpées

65 g d'amandes finement hachées

2 oeufs

100 g/1/3 tasse de miel pur

60 ml / 4 cuillères à soupe d'huile

150 ml/¼ pt./2/3 tasse de lait

100 g/4 oz/1 tasse de farine de blé entier (blé entier).

25 g/1 oz/¼ tasse de farine nature (tout usage)

10 ml/2 cuillères à café de cannelle moulue

2,5 ml/½ cuillère à café de bicarbonate de soude (bicarbonate de soude)

Pincée de sel

Glaçage au citron

Quelques amandes effilées (hachées) pour la décoration

Mélangez les carottes et les noix. Battez les œufs dans un bol à part, puis mélangez avec le miel, l'huile et le lait. Incorporer les carottes et les noix, puis incorporer les ingrédients secs. Verser dans une plaque à pâtisserie graissée et saupoudrée de 20 cm de diamètre et cuire au four préchauffé à 150°C/300°F/thermostat 2 pendant 1 à 1¼ heure jusqu'à ce qu'il ait bien levé et soit élastique au toucher. Laisser refroidir dans le moule avant de démouler. Arroser de glaçage au citron, puis décorer de flocons d'amandes.

Gâteau au citron

Pour un gâteau d'un diamètre de 18 cm

100 g/1/2 tasse de beurre ou de margarine molle

100 g/4 oz/½ tasse de sucre en poudre (très fin).

2 oeufs

100 g / 4 oz / 1 tasse de farine nature (tout usage)

50 g/2 oz/½ tasse de riz moulu

2,5 ml/½ cuillère à café de levure chimique

Zeste râpé et jus d'1 citron

100 g/2/3 tasse de sucre en poudre (confiserie), tamisé

Crémer le beurre ou la margarine avec le sucre jusqu'à consistance légère et mousseuse. Ajoutez les œufs un à un en mélangeant bien après chaque ajout. Mélangez la farine, le riz moulu, la levure chimique et le zeste de citron, puis incorporez au mélange. Verser dans un moule à pâtisserie graissé et pané (18 cm de diamètre) et cuire au four préchauffé à 180°C/350°F/thermostat 4 pendant 1 heure, jusqu'à ce qu'il soit élastique au toucher. Démouler et laisser refroidir.

Mélanger le sucre en poudre avec un peu de jus de citron jusqu'à consistance lisse. Verser la pâte et laisser prendre.

Anneau de thé glacé

Pour 4 à 6 personnes

150 ml/¼ pt./2/3 tasse de lait chaud

2,5 ml/½ cuillère à café de levure sèche

25 g/1 oz/2 cuillères à soupe de sucre cristallisé

25 g/1 oz/2 cuillères à soupe de beurre ou de margarine

225 g/8 oz/2 tasses de farine (à pain) forte.

1 œuf battu Pour la garniture :

50 g de beurre ou de margarine molle

50 g/2 oz/¼ tasse d'amandes moulues

50 g/2 oz/¼ tasse de cassonade molle

Pour la garniture :
100 g/2/3 tasse de sucre en poudre (confiserie), tamisé

15 ml/1 cuillère à soupe d'eau tiède

30 ml/2 cuillères à soupe de flocons d'amandes

Versez le lait dans la levure et le sucre et mélangez. Réserver dans un endroit tiède jusqu'à ce qu'il mousse. Frottez le beurre ou la margarine avec la farine. Mélangez le mélange de levure et l'œuf et battez bien. Couvrir le bol de papier d'aluminium huilé et réserver dans un endroit chaud pendant 1 heure. Pétrissez à nouveau puis façonnez un rectangle mesurant environ 30 x 23 cm/12 x 9 pouces. Étalez le beurre ou la margarine pour la garniture sur la pâte et saupoudrez de poudre d'amandes et de sucre. Rouler en un long boudin et former un anneau en scellant les bords avec un peu d'eau. Coupez les deux tiers de la longueur du rouleau à environ 3 cm/1½ d'intervalle et placez-le sur une plaque à pâtisserie graissée (biscuit). Réserver dans un endroit tiède pendant 20 minutes. Cuire au four préchauffé à 200°C/425°F/thermostat 7 pendant 15 minutes. Réduisez la température du four à 180°C/350°F/gaz 4 pendant encore 15 minutes.

Pendant ce temps, mélangez le sucre en poudre et l'eau pour faire le glaçage. Une fois refroidi, étalez-le sur le gâteau et décorez de flocons d'amandes.

Le gâteau de Lara

Pour un gâteau mesurant 23 x 18 cm/9 x 7

15 g de levure fraîche ou 20 ml/4 cuillères à café de levure sèche

5 ml/1 cuillère à café de sucre fin

300 ml/½ pt/1¼ tasse d'eau tiède

150 g/5 oz/2/3 tasse de saindoux (shortening)

450 g/1 lb/4 tasse de farine (à pain) forte

Pincée de sel

100 g/4 oz/2/3 tasse de raisins secs (raisins dorés)

100g/4oz/2/3 tasse de miel pur

Mélangez la levure avec le sucre et un peu d'eau tiède et réservez dans un endroit tiède pendant 20 minutes jusqu'à ce qu'elle mousse.

Frottez 25 g de saindoux avec de la farine et du sel et faites un puits au milieu. Versez le mélange de levure et le reste de l'eau tiède et pétrissez jusqu'à obtenir une pâte ferme. Pétrir jusqu'à consistance lisse et élastique. Placer dans un bol huilé, couvrir d'un film alimentaire huilé et réserver dans un endroit tiède pendant environ 1 heure jusqu'à ce qu'il double de volume.

Coupez le saindoux restant en cubes. Pétrissez à nouveau la pâte puis étalez-la en un rectangle mesurant environ 35 x 23 cm/14 x 9 pouces. Couvrir les deux tiers supérieurs de la pâte avec un tiers du saindoux, un tiers des raisins secs et un quart du miel. Replier le tiers habituel de la pâte sur la garniture, puis replier le tiers supérieur vers le bas. Bien presser les bords pour sceller, puis retourner la pâte d'un quart de tour pour que le pli soit sur le côté gauche. Étalez et répétez le processus deux fois de plus pour utiliser tout le saindoux et les raisins secs. Placer sur une plaque à pâtisserie graissée (biscuits) et marquer dessus un motif en croix avec un couteau. Couvrir et réserver dans un endroit tiède pendant 40 minutes.

Cuire au four préchauffé à 220°C/425°F/thermostat 7 pendant 40 minutes. Versez dessus le reste de miel, puis laissez refroidir.

Gâteau aux pommes de terre et au cumin

Pour un gâteau mesurant 23 x 18 cm/9 x 7

450g/1lb Pâte à pain blanche de base

175 g/6 oz/¾ tasse de saindoux (shortening), coupé en morceaux

175 g/6 oz/¾ tasse de sucre cristallisé

15 ml/1 cuillère à soupe de cumin

Préparez la pâte, puis étalez-la sur une surface légèrement farinée en un rectangle mesurant environ 35 x 23 cm/14 x 9 pouces. Saupoudrer les deux tiers supérieurs de la pâte avec la moitié du saindoux et la moitié du sucre, puis replier le tiers de la pâte et replier le tiers supérieur dessus. Retourner la pâte d'un quart de tour pour que le pli soit sur le côté gauche, puis étaler à nouveau et saupoudrer de la même manière avec le reste de saindoux, de sucre et de cumin. Pliez à nouveau, puis façonnez-le pour qu'il s'adapte au moule (plaque) et coupez le dessus en losanges. Couvrir de papier d'aluminium huilé et réserver dans un endroit chaud pendant environ 30 minutes jusqu'à ce qu'il double de volume.

Cuire au four préchauffé à 200°C/400°F/thermostat 6 pendant 1 heure. Laisser refroidir dans le moule pendant 15 minutes pour permettre à la graisse de s'imprégner du gâteau, puis transférer sur une grille pour qu'il refroidisse complètement.

Gâteau marbré

Pour un gâteau d'un diamètre de 20 cm

175 g/6 oz/¾ tasse de beurre ou de margarine, ramollie

175 g/6 oz/¾ tasse de sucre cristallisé

3 œufs légèrement battus

225 g/8 oz/2 tasses de farine autolevante (autolevante)

Quelques gouttes d'essence d'amande (extrait)

Quelques gouttes de colorant alimentaire vert

Quelques gouttes de colorant alimentaire rouge

Crémer le beurre ou la margarine avec le sucre jusqu'à consistance légère et mousseuse. Ajoutez progressivement les œufs, puis ajoutez la farine. Divisez le mélange en trois. Ajoutez l'essence d'amande à un tiers, le colorant alimentaire vert à un tiers et le colorant alimentaire rouge au tiers restant. Placer de grosses cuillerées des trois mélanges en alternance dans un moule à charnière de 20 cm graissé et tapissé et cuire au four préchauffé à 180°C/350°F/thermostat 4 pendant 45 minutes, jusqu'à ce qu'ils soient bien levés et élastiques. touche.

Gâteau du Lincolnshire

Pour un gâteau d'un diamètre de 20 cm

175 g/6 oz/¾ tasse de beurre ou de margarine

350 g/12 oz/3 tasses de farine nature (tout usage)

Pincée de sel

150 ml/¼ pt./2/3 tasse de lait

15 ml/1 cuillère à soupe de levure sèche Pour la garniture :

225 g/8 oz/11/3 tasse de raisins secs (raisins dorés)

225 g/8 oz/1 tasse de cassonade molle

25 g/1 oz/2 cuillères à soupe de beurre ou de margarine

2,5 ml/½ cuillère à café de piment de la Jamaïque moulu

1 œuf, séparé

Frottez la moitié du beurre ou de la margarine avec de la farine et du sel jusqu'à ce que le mélange ressemble à de la chapelure. Faites chauffer le reste du beurre ou de la margarine avec le lait jusqu'à ce qu'il soit chaud, puis mélangez un peu de levure pour obtenir une pâte. Mélangez le mélange de levure et le reste du lait et du beurre avec la farine et pétrissez une pâte molle. Placer dans un bol huilé, couvrir et réserver dans un endroit tiède pendant environ 1 heure jusqu'à ce qu'il double de volume. Pendant ce temps, mettez tous les ingrédients de la garniture sauf les blancs d'œufs dans une casserole sur feu doux et laissez dissoudre.

Étalez un quart de la pâte en un cercle de 20 cm et étalez dessus un tiers de la garniture. Répétez avec les portions restantes de pâte et de garniture, en versant sur le disque de pâte. Badigeonner les bords de blanc d'oeuf et de colle. Cuire au four préchauffé à 190°C/375°F/thermostat 5 pendant 20 minutes. Badigeonner le dessus de blanc d'œuf et remettre au four encore 30 minutes jusqu'à ce qu'il soit doré.

Gâteau au pain

Donne un gâteau de 900 g/2 lb

175 g/6 oz/¾ tasse de beurre ou de margarine, ramollie

275 g/10 oz/1¼ tasse de sucre cristallisé

Zeste râpé et jus d'un ½ citron

120 ml/4 fl oz/½ tasse de lait

275 g/10 oz/2¼ tasse de farine autolevante (autolevante)

5 ml/1 cuillère à café de sel

5 ml/1 cuillère à café de levure chimique

3 oeufs

Sucre en poudre (de confiserie), tamisé, à saupoudrer

Mélangez le beurre ou la margarine, le sucre et le zeste de citron jusqu'à obtenir une consistance légère et mousseuse. Mélangez le jus de citron et le lait, puis ajoutez la farine, le sel et la levure chimique et mélangez jusqu'à consistance lisse. Ajoutez progressivement les œufs en battant bien après chaque ajout. Versez le mélange dans un moule à pâtisserie de 900 g beurré et chemisé et enfournez dans un four préchauffé à 150°F/300°F/thermostat 2 pendant 1¼ heure, jusqu'à ce qu'il soit élastique au toucher. Laisser refroidir dans le moule 10 minutes avant de démouler pour terminer le refroidissement sur une grille. Servir saupoudré de sucre en poudre.

Gâteau à la marmelade

Pour un gâteau d'un diamètre de 18 cm

175 g/6 oz/¾ tasse de beurre ou de margarine, ramollie

175 g/6 oz/¾ tasse de sucre cristallisé

3 œufs, séparés

300 g/10 oz/2½ tasses de farine autolevante.

45 ml/3 cuillères à soupe de marmelade épaisse

50 g / 2 oz / 1/3 tasse de zestes mélangés (confits) hachés

Le zeste râpé d'une orange

45 ml/3 cuillères à soupe d'eau

                Pour le glaçage (glaçage) :

100 g/2/3 tasse de sucre en poudre (confiserie), tamisé

Jus d'1 orange

Quelques tranches d'orange confite

Crémer le beurre ou la margarine avec le sucre jusqu'à consistance légère et mousseuse. Ajoutez progressivement les jaunes puis 15 ml/1 cuillère à soupe de farine. Ajoutez la marmelade, le mélange des zestes, le zeste d'orange et l'eau, puis ajoutez le reste de la farine. Battez les blancs d'œufs en neige ferme puis mélangez-les à la masse à l'aide d'une cuillère en métal. Verser dans un moule à cake de 18 cm graissé et fariné et cuire au four préchauffé à 180°C/350°F/thermostat 4 pendant 1¼ heure jusqu'à ce qu'il lève bien et soit élastique au toucher. Laisser refroidir dans le moule pendant 5 minutes, puis transférer sur une grille pour terminer le refroidissement.

Pour réaliser le glaçage, mettez le sucre en poudre dans un bol et faites un puits au centre. Versez progressivement suffisamment de jus d'orange pour obtenir une consistance crémeuse. Verser la pâte et les côtés et réserver. Décorer de tranches d'orange confites.

Gâteau aux graines de pavot

Pour un gâteau d'un diamètre de 20 cm

250 ml/8 oz/1 tasse de lait

100 g/4 oz/1 tasse de graines de pavot

225 g/8 oz/1 tasse de beurre ou de margarine, ramolli

225 g/8 oz/1 tasse de cassonade molle

3 œufs, séparés

100 g / 4 oz / 1 tasse de farine nature (tout usage)

100 g/4 oz/1 tasse de farine de blé entier (blé entier).

5 ml/1 cuillère à café de levure chimique

Faites bouillir le lait et les graines de pavot dans une petite casserole, puis retirez du feu, couvrez et laissez tremper pendant 30 minutes. Crémer le beurre ou la margarine avec le sucre jusqu'à consistance légère et mousseuse. Incorporez progressivement les jaunes, puis ajoutez la farine et la levure chimique. Incorporer les graines de pavot et le lait. Battez les blancs d'œufs en neige ferme puis mélangez-les à la masse à l'aide d'une cuillère en métal. Verser dans une plaque à pâtisserie graissée et saupoudrée de 20 cm de diamètre et cuire au four préchauffé à 180°C/350°F/thermostat 4 pendant 1 heure, jusqu'à ce qu'un cure-dent inséré au centre en ressorte propre. Laisser refroidir dans le moule 10 minutes avant de démouler pour terminer le refroidissement sur une grille.

Gâteau Au Yaourt Nature

Pour un gâteau d'un diamètre de 23 cm/9

150 g de yaourt nature

150 ml/¼ pt/2/3 tasse d'huile

225 g/8 oz/1 tasse de sucre cristallisé

225 g/8 oz/2 tasses de farine autolevante (autolevante)

10 ml / 2 cuillères à café de levure chimique

2 oeufs, battus

Mélanger tous les ingrédients jusqu'à obtenir une consistance lisse, puis verser dans un moule à cake de 23 cm de diamètre beurré et tapissé de papier. Cuire au four préchauffé à 160°C/325°F/thermostat 3 pendant 1¼ heure, jusqu'à ce qu'il soit élastique au toucher. Laisser refroidir dans le moule.

Gâteau aux prunes et à la crème

Pour un gâteau d'un diamètre de 23 cm/9

Pour le remplissage:

150 g de prunes séchées dénoyautées, hachées grossièrement

120 ml/4 fl oz/½ tasse de jus d'orange

50 g/2 oz/¼ tasse de sucre en poudre (très fin).

30 ml/2 cuillères à soupe de farine de maïs (amidon de maïs)

175 ml/6 oz/¾ tasse de lait

2 jaunes

Le zeste finement râpé d'une orange

Sur le gâteau :

175 g/6 oz/¾ tasse de beurre ou de margarine, ramollie

225 g/8 oz/1 tasse de sucre cristallisé

3 œufs légèrement battus

200 g/7 oz/1¾ tasse de farine nature (tout usage)

10 ml / 2 cuillères à café de levure chimique

2,5 ml/½ cuillère à café de muscade râpée

75 ml/5 cuillères à soupe de jus d'orange

Préparez d'abord la garniture. Faites tremper les prunes dans du jus d'orange pendant au moins deux heures.

Mélangez le sucre et la maïzena avec un peu de lait pour obtenir une pâte. Faites bouillir le reste du lait dans une casserole. Versez le sucre et la maïzena et mélangez bien, puis remettez dans la casserole rincée et battez les jaunes d'œufs. Ajoutez le zeste d'orange et remuez à feu très doux jusqu'à épaississement, mais ne laissez pas bouillir la crème. Placez la casserole dans un bol d'eau froide et remuez le pudding de temps en temps pendant qu'il refroidit.

Pour faire la pâte, crémer le beurre ou la margarine avec le sucre jusqu'à consistance légère et mousseuse. Incorporez progressivement les œufs, puis ajoutez la farine, la levure chimique et la muscade en alternant avec le jus d'orange. Versez la moitié du gâteau dans un moule à cake de 23 cm/9 cm beurré, puis étalez la crème dessus en laissant un espace sur le pourtour. Versez les prunes et le jus imbibé sur la crème, puis recouvrez avec le reste du mélange à gâteau, en vous assurant que le mélange à gâteau adhère bien à la garniture sur les côtés et est complètement recouvert. Cuire au four préchauffé à 200°C/400°F/thermostat 6 pendant 35 minutes, jusqu'à ce qu'ils soient dorés et commencent à se détacher des parois du moule. Laisser refroidir dans le moule avant de démouler.

Gâteau aux framboises et glaçage au chocolat

Pour un gâteau d'un diamètre de 20 cm

175 g/6 oz/¾ tasse de beurre ou de margarine, ramollie

175 g/6 oz/¾ tasse de sucre cristallisé

3 œufs légèrement battus

225 g/8 oz/2 tasses de farine autolevante (autolevante)

100 g de framboises Pour le glaçage et la décoration :

Glaçage à la crème au beurre au chocolat blanc

100 g/4 oz/1 tasse de chocolat nature (mi-sucré)

Crémer le beurre ou la margarine avec le sucre jusqu'à consistance légère et mousseuse. Ajoutez progressivement les œufs, puis ajoutez la farine. Mixez les framboises puis passez-les au tamis pour retirer les pépins. Incorporer la purée au mélange à gâteau jusqu'à ce qu'elle soit marbrée et non mélangée. Verser dans un moule à cake beurré de 20 cm de diamètre recouvert de papier sulfurisé et cuire au four préchauffé à 180°C/350°F/thermostat 4 pendant 45 minutes jusqu'à ce qu'il ait bien levé et soit élastique au toucher. Transférer sur une grille pour refroidir.

Étalez le glaçage à la crème au beurre sur le gâteau et dépolissez la surface avec une fourchette. Faire fondre le chocolat dans un bol résistant à la chaleur posé sur une casserole d'eau frémissante. Étaler sur une plaque à pâtisserie (biscuit) et laisser presque pris. Grattez la surface plane d'un couteau bien aiguisé sur le chocolat pour créer des boucles. Utilisez-le pour décorer le dessus du gâteau.

Gâteau de sable

Pour un gâteau d'un diamètre de 20 cm

75 g/3 oz/1/3 tasse de beurre ou de margarine, ramollie

75g/3oz/1/3 tasse de sucre cristallisé

2 œufs légèrement battus

100 g/4 oz/1 tasse de farine de maïs (amidon de maïs)

25 g/1 oz/¼ tasse de farine nature (tout usage)

5 ml/1 cuillère à café de levure chimique

50 g/2 oz/½ tasse de noix mélangées hachées

Crémer le beurre ou la margarine avec le sucre jusqu'à consistance légère et mousseuse. Incorporez progressivement les œufs, puis ajoutez la fécule de maïs, la farine et la levure chimique. Versez le mélange dans une plaque à pâtisserie carrée beurrée de 20 cm de diamètre et parsemez de noix hachées. Cuire au four préchauffé à 180°C/350°F/thermostat 4 pendant 1 heure, jusqu'à ce qu'il soit élastique au toucher.

Gâteau aux graines

Pour un gâteau d'un diamètre de 18 cm

100 g/1/2 tasse de beurre ou de margarine molle

100 g/4 oz/½ tasse de sucre en poudre (très fin).

2 œufs légèrement battus

225 g/8 oz/2 tasses de farine nature (tout usage)

25 g/1 oz/¼ tasse de graines de cumin

5 ml/1 cuillère à café de levure chimique

Pincée de sel

45 ml/3 cuillères à soupe de lait

Crémer le beurre ou la margarine avec le sucre jusqu'à consistance légère et mousseuse. Incorporez progressivement les œufs, puis ajoutez la farine, le cumin, la levure chimique et le sel. Incorporer suffisamment de lait pour former une consistance semblable à une goutte. Verser dans un moule à gâteau à charnière de 18 cm/7" graissé et tapissé (plateau) et cuire au four préchauffé à 200°C/400°F/thermostat 6 pendant 1 heure, jusqu'à ce qu'il soit élastique au toucher et commence à se détacher du côtés d'une boîte de conserve.

Gâteau aux anneaux salé

Crée un anneau d'un diamètre de 23 cm/9 pouces

1 pomme pelée, épépinée et râpée

30 ml/2 cuillères à soupe de jus de citron

25 g/8 oz/1 tasse de cassonade molle

5 ml/1 cuillère à café de gingembre moulu

5 ml/1 cuillère à café de cannelle moulue

2,5 ml / ½ cuillère à café de mélange d'épices moulues (tarte aux pommes).

225 g/8 oz/2/3 tasse de doré (sirop de maïs léger).

250 ml/8 oz/1 tasse d'huile

10 ml / 2 cuillères à café de levure chimique

400 g/14 oz/3½ tasses de farine nature (tout usage)

10 ml/2 cuillères à café de bicarbonate de soude (bicarbonate de soude)

250 ml/8 fl oz/1 tasse de thé chaud et fort

1 œuf battu

Sucre en poudre (de confiserie), tamisé, à saupoudrer

Mélangez le jus de pomme et le jus de citron. Ajouter le sucre et les épices, puis le sirop et l'huile. Ajoutez la levure chimique à la farine et le bicarbonate de soude au thé chaud. Mélangez-les alternativement au mélange, puis incorporez l'œuf. Verser dans un moule à cake de 23 cm/9 de diamètre (plaque) graissé et fariné et cuire au four préchauffé à 180°C/350°F/thermostat 4 pendant 1 heure, jusqu'à ce qu'il soit élastique au toucher. Laisser refroidir dans le moule pendant 10 minutes, puis transférer sur une grille pour terminer le refroidissement. Servir saupoudré de sucre en poudre.

Gâteau étagé salé

Pour un gâteau d'un diamètre de 23 cm/9

100 g/1/2 tasse de beurre ou de margarine molle

100 g/4 oz/½ tasse de sucre en poudre

100 g/4 oz/½ tasse de cassonade molle

2 oeufs, battus

175 g/6 oz/1½ tasse de farine nature (tout usage)

5 ml/1 cuillère à café de levure chimique

5 ml/1 cuillère à café de cannelle moulue

2,5 ml/½ cuillère à café de bicarbonate de soude (bicarbonate de soude)

2,5 ml / ½ cuillère à café de mélange d'épices moulues (tarte aux pommes).

Pincée de sel

200 ml/7 oz/petit 1 tasse de lait concentré en conserve

Glaçage au beurre de citron

Crémer le beurre ou la margarine et le sucre jusqu'à consistance légère et mousseuse. Ajoutez progressivement les œufs, puis ajoutez les ingrédients secs et le lait concentré et mélangez jusqu'à consistance lisse. Verser dans deux moules (plateaux) de 23 cm/9 beurrés et tapissés et cuire au four préchauffé à 180°C/350°F/thermostat 4 pendant 30 minutes, jusqu'à ce qu'il soit élastique au toucher. Laisser refroidir, puis assembler le sandwich avec le glaçage au beurre citronné.

Gâteau au sucre et à la cannelle

Pour un gâteau d'un diamètre de 23 cm/9

175 g/6 oz/1½ tasse de farine autolevante (autolevante)

10 ml / 2 cuillères à café de levure chimique

Pincée de sel

175 g/6 oz/¾ tasse de sucre cristallisé

50 g de beurre fondu ou de margarine

1 œuf légèrement battu

120 ml/4 fl oz/½ tasse de lait

2,5 ml/½ cuillère à café d'essence de vanille (extrait)

Pour la garniture :

50 g de beurre fondu ou de margarine

50 g/2 oz/¼ tasse de cassonade molle

2,5 ml/½ cuillère à café de cannelle moulue

Battre tous les ingrédients du gâteau jusqu'à ce qu'ils soient lisses et bien mélangés. Verser dans un moule à charnière graissé de 23 cm et cuire au four préchauffé à 180°C/350°F/thermostat 4 pendant 25 minutes, jusqu'à ce qu'ils soient dorés. Étalez du beurre sur la pâte tiède. Mélangez le sucre avec la cannelle et saupoudrez dessus. Remettez le gâteau au four pendant encore 5 minutes.

Gâteau au thé victorien

Pour un gâteau d'un diamètre de 20 cm

225 g/8 oz/1 tasse de beurre ou de margarine, ramolli

225 g/8 oz/1 tasse de sucre cristallisé

225 g/8 oz/2 tasses de farine autolevante (autolevante)

25 g/1 oz/¼ tasse de farine de maïs (amidon de maïs)

30 ml/2 cuillères à soupe de cumin

5 œufs, séparés

Sucre cristallisé à saupoudrer

Crémer le beurre ou la margarine avec le sucre jusqu'à consistance légère et mousseuse. Ajouter la farine, la semoule de maïs et le cumin. Battez les jaunes puis mélangez-les au mélange. Battez les blancs d'œufs en neige ferme puis incorporez-les délicatement au mélange à l'aide d'une cuillère en métal. Verser dans un moule à cake (plateau) de 20 cm de diamètre beurré et saupoudré de chapelure et saupoudrer de sucre. Cuire au four préchauffé à 180 °C/350 °F/thermostat 4 pendant 1,5 heure, jusqu'à ce qu'ils soient dorés et commencent à se détacher des parois du moule.

Gâteau Aux Fruits Universel

Pour un gâteau d'un diamètre de 20 cm

175 g/6 oz/¾ tasse de beurre ou de margarine, ramollie

175 g/6 oz/¾ tasse de cassonade molle

3 oeufs

15 ml/1 cuillère à soupe de golden (sirop de maïs léger).

100 g/1/2 tasse de glaçage (cerises confites).

100 g/4 oz/2/3 tasse de raisins secs (raisins dorés)

100 g/4 oz/2/3 tasse de raisins secs

225 g/8 oz/2 tasses de farine autolevante (autolevante)

10 ml / 2 cuillères à café de mélange d'épices moulues (tarte aux pommes).

Placez tous les ingrédients dans un bol et battez ensemble jusqu'à ce que le tout soit bien mélangé, ou réduisez en purée au robot culinaire. Verser dans un moule à cake beurré et fariné de 20 cm de diamètre et cuire au four préchauffé à 160°C/325°F/thermostat 3 pendant 1h30, jusqu'à ce qu'un cure-dent inséré au centre en ressorte propre. Laisser dans le moule pendant 5 minutes, puis retirer sur une grille pour terminer le refroidissement.

Gâteau aux fruits tout-en-un

Pour un gâteau d'un diamètre de 20 cm

350 g/12 oz/2 tasses de fruits secs mélangés (mélange à gâteau aux fruits)

100 g de beurre ou de margarine

100 g/4 oz/½ tasse de cassonade molle

150 ml/¼ pt./2/3 tasse d'eau

2 gros œufs, battus

225 g/8 oz/2 tasses de farine autolevante (autolevante)

5 ml/1 cuillère à café de mélange d'épices moulues (cidre).

Mettez les fruits, le beurre ou la margarine, le sucre et l'eau dans une casserole, portez à ébullition puis laissez mijoter à feu doux pendant 15 minutes. Laisser refroidir. Incorporer les œufs une cuillère à soupe à la fois, en alternant avec le mélange de farine et d'épices, et bien mélanger. Verser dans un moule à cake beurré de 20 cm de diamètre et cuire au four préchauffé à 140°C/275°F/thermostat 1 pendant 1 à 1h30, jusqu'à ce qu'un cure-dent inséré au centre en ressorte propre.

Gâteau aux fruits australien

Donne un gâteau de 900 g/2 lb

100 g de beurre ou de margarine

225 g/8 oz/1 tasse de cassonade molle

250 ml/8 fl oz/1 tasse d'eau

350 g/12 oz/2 tasses de fruits secs mélangés (mélange à gâteau aux fruits)

5 ml/1 cuillère à café de bicarbonate de soude (bicarbonate de soude)

10 ml / 2 cuillères à café de mélange d'épices moulues (tarte aux pommes).

5 ml/1 cuillère à café de gingembre moulu

100 g/4 oz/1 tasse de farine autolevante (autolevante)

100 g / 4 oz / 1 tasse de farine nature (tout usage)

1 œuf battu

Faire bouillir tous les ingrédients sauf la farine et les œufs dans une poêle. Retirer du feu et laisser refroidir. Mélanger avec la farine et l'œuf. Placer le mélange dans une plaque à pâtisserie graissée de 900 g recouverte de papier sulfurisé et cuire au four préchauffé à 160°C/325°F/thermostat 3 pendant 1 heure, jusqu'à ce qu'il soit bien levé et qu'un cure-dent inséré au centre vienne. dehors propre. .

Gâteau riche américain

Pour un gâteau d'un diamètre de 25 cm/10

225 g/8 oz/11/3 tasse de groseilles

100 g/1 tasse d'amandes blanchies

15 ml/1 cuillère à soupe d'eau de fleur d'oranger

45 ml/3 cuillères à soupe de xérès sec

1 gros jaune

2 oeufs

350 g/12 oz/1½ tasse de beurre ou de margarine molle

175 g/6 oz/¾ tasse de sucre cristallisé

Une pincée de masse moulue

Une pincée de cannelle moulue

Une pincée de clous de girofle moulus

Une pincée de gingembre moulu

Une pincée de muscade râpée

30 ml/2 cuillères à soupe de cognac

225 g/8 oz/2 tasses de farine nature (tout usage)

50 g / 2 oz / ½ tasse de zestes mélangés (confits) hachés

Faire tremper les groseilles dans l'eau chaude pendant 15 minutes, puis bien égoutter. Mélangez les amandes avec l'eau de fleur d'oranger et 15 ml/1 cuillère à soupe de xérès. Battez le jaune et les œufs ensemble. Battre ensemble le beurre ou la margarine et le sucre, puis incorporer les amandes et les œufs et battre jusqu'à ce qu'ils soient blancs et épais. Ajouter les épices, le reste du sherry et le cognac. Mélangez la farine, puis ajoutez les groseilles et les zestes mélangés. Verser dans un moule à cake beurré de 25 cm de diamètre et cuire au four préchauffé à 180°C/350°F/thermostat 4 pendant environ 1 heure, jusqu'à ce qu'un cure-dent inséré au centre en ressorte propre.

Gâteau aux fruits et à la caroube

Pour un gâteau d'un diamètre de 18 cm

450 g/1 lb/22/3 tasse de raisins secs

300 ml/½ pt/1¼ tasse de jus d'orange

175 g/6 oz/¾ tasse de beurre ou de margarine, ramollie

3 œufs légèrement battus

225 g/8 oz/2 tasses de farine nature (tout usage)

75 g/3 oz/¾ tasse de poudre de caroube

10 ml / 2 cuillères à café de levure chimique

Le zeste râpé de 2 oranges

50 g/2 oz/½ tasse de noix, hachées

Faire tremper les raisins secs dans le jus d'orange toute la nuit. Mélanger le beurre ou la margarine et les œufs jusqu'à consistance lisse. Ajoutez progressivement les raisins secs, le jus d'orange et le reste des ingrédients. Verser dans un moule à charnière de 18 cm graissé et fariné et cuire au four préchauffé à 180°C/350°F/thermostat 4 pendant 30 minutes, puis baisser la température du four à 160°C/325°F/thermostat 4. marquez 3 pendant encore 1¼ heure jusqu'à ce qu'un cure-dent inséré au centre en ressorte propre. Laisser refroidir dans le moule pendant 10 minutes avant de démouler sur une grille pour terminer le refroidissement.

Gâteau Aux Fruits Au Café

Pour un gâteau d'un diamètre de 25 cm/10

450 g/1 lb/2 tasses de sucre cristallisé

450 g de dattes sans pépins hachées

450 g/1 lb/22/3 tasse de raisins secs

450 g/1 lb/22/3 tasses de raisins secs (raisins dorés)

100 g/1/2 tasse de cerises glacées (confites), hachées

100 g/1 tasse de noix mélangées hachées

450 ml/¾ pt/2 tasses de café noir fort

120 ml/4 fl oz/½ tasse d'huile

100 g/1/3 tasse de doré (sirop de maïs léger).

10 ml/2 cuillères à café de cannelle moulue

5 ml/1 cuillère à café de muscade râpée

Pincée de sel

10 ml/2 cuillères à café de bicarbonate de soude (bicarbonate de soude)

15 ml/1 cuillère à soupe d'eau

2 œufs légèrement battus

450 g/1 lb/4 tasse de farine nature (tout usage)

120 ml/1/2 tasse de xérès ou de brandy

Faites bouillir tous les ingrédients sauf le bicarbonate de soude, l'eau, les œufs, la farine et le xérès ou le cognac dans une poêle à fond épais. Cuire 5 minutes en remuant constamment, puis retirer du feu et laisser refroidir.

Mélangez le bicarbonate de soude avec de l'eau et ajoutez-le au mélange de fruits avec les œufs et la farine. Versez le mélange dans un moule à cake beurré et tapissé de papier d'un diamètre de 25 cm/10 (plaque) et recouvrez-le d'une double couche de papier sulfurisé (ciré) à l'extérieur de manière à ce qu'il dépasse du haut du moule. Cuire au four préchauffé à 160°C/325°F/thermostat 3 pendant 1 heure. Réduire la température du four à 150°C/300°F/gaz 2 et cuire encore 1 heure. Réduire la température du four à 140°C/275°F/gaz 1 et cuire au four pendant une troisième heure. Réduisez à nouveau la température du four à 120°C/thermostat ½ et enfournez une dernière heure en recouvrant le dessus du gâteau de papier sulfurisé (ciré) s'il commence à trop dorer. Après la cuisson, un cure-dent inséré au centre en ressortira propre et le gâteau commencera à se décoller des parois du moule.

Gâteau lourd de Cornouailles

Donne un gâteau de 900 g/2 lb

350 g/12 oz/3 tasses de farine nature (tout usage)

2,5 ml / ½ cuillère à café de sel

175 g/6 oz/¾ tasse de saindoux (shortening)

75g/3oz/1/3 tasse de sucre cristallisé

175g/6oz/1 tasse de groseilles

Quelques écorces mélangées (confites) hachées (facultatif)

Environ 150 ml/¼ pt/2/3 tasse de lait et d'eau mélangés

1 œuf battu

Versez la farine et le sel dans un bol, puis incorporez le saindoux jusqu'à ce que le mélange ressemble à de la chapelure. Incorporer le reste des ingrédients secs. Ajoutez progressivement suffisamment de lait et d'eau pour obtenir une pâte ferme. Cela ne prendra pas grand-chose. Abaisser sur une plaque à pâtisserie graissée (pour les biscuits) sur une épaisseur d'environ 1 cm. Badigeonner d'oeuf battu. Dessinez un motif en croix sur le dessus avec la pointe du couteau. Cuire au four préchauffé à 160°C/325°F/thermostat 3 pendant environ 20 minutes, jusqu'à ce qu'ils soient dorés. Laissez refroidir puis coupez en carrés.

Gâteau aux groseilles

Pour un gâteau d'un diamètre de 23 cm/9

225 g/8 oz/1 tasse de beurre ou de margarine

300 g/11 oz/1½ tasses de sucre cristallisé

Pincée de sel

100 ml/3½ oz/6½ cuillères à soupe d'eau bouillante

3 oeufs

400 g/14 oz/3½ tasses de farine nature (tout usage)

175g/6oz/1 tasse de groseilles

50 g / 2 oz / ½ tasse de zestes mélangés (confits) hachés

100 ml/3½ oz/6½ cuillères à soupe d'eau froide

15 ml/1 cuillère à soupe de levure chimique

Mettez le beurre ou la margarine, le sucre et le sel dans un bol, versez de l'eau bouillante dessus et réservez jusqu'à ce qu'ils soient tendres. Battre rapidement jusqu'à consistance légère et crémeuse. Ajoutez progressivement les œufs, puis mélangez alternativement la farine, les groseilles et les zestes mélangés avec de l'eau froide. Incorporer la levure chimique. Versez la pâte dans un moule à cake de 23 cm de diamètre beurré et enfournez 30 minutes dans un four préchauffé à 180°C/350°F/thermostat 4. Réduisez la température du four à 150°C/300°F/thermostat 2 et cuire encore 40 minutes jusqu'à ce qu'un bâton inséré au centre en ressorte propre. Laisser refroidir dans le moule 10 minutes avant de démouler pour terminer le refroidissement sur une grille.

Gâteau Aux Fruits Noirs

Pour un gâteau d'un diamètre de 25 cm/10

225 g/8 oz/1 tasse de fruits glacés (confits) mélangés hachés.

350 g/2 tasses de dattes sans pépins, hachées

225 g/8 oz/11/3 tasse de raisins secs

225 g / 8 oz / 1 tasse de cerises glacées (confites), hachées

100 g/½ tasse de glaçage à l'ananas (confit), haché

100 g/1 tasse de noix mélangées hachées

225 g/8 oz/2 tasses de farine nature (tout usage)

5 ml/1 cuillère à café de bicarbonate de soude (bicarbonate de soude)

5 ml/1 cuillère à café de cannelle moulue

2,5 ml/½ cuillère à café de piment de la Jamaïque

1,5 ml / ¼ cuillère à café de clous de girofle moulus

1,5 ml/¼ cuillère à café de sel

225 g/8 oz/1 tasse de saindoux (shortening)

225 g/8 oz/1 tasse de cassonade molle

3 oeufs

175 g/6 oz/½ tasse de mélasse noire (mélasse)

2,5 ml/½ cuillère à café d'essence de vanille (extrait)

120 ml/1/2 tasse de babeurre

Mélangez les fruits et les noix ensemble. Mélangez la farine, le bicarbonate de soude, les épices et le sel et mélangez 50 g/2 oz/ ½ tasse avec les fruits. Crémer le saindoux et le sucre jusqu'à ce que le mélange soit léger et mousseux. Ajoutez progressivement les œufs en battant bien après chaque ajout. Incorporer la mélasse et l'essence de vanille. Incorporer le babeurre en alternance avec le reste du mélange de farine et battre jusqu'à consistance lisse. Incorporer les fruits. Verser dans une plaque à pâtisserie graissée et saupoudrée de 25 cm de diamètre et cuire au four préchauffé à 140°C/275°F/thermostat 1 pendant 2h30, jusqu'à ce qu'un cure-dent inséré au centre en ressorte propre. Laisser refroidir dans le moule pendant 10 minutes, puis transférer sur une grille pour terminer le refroidissement.

Coupez et revenez le gâteau.

Pour un gâteau d'un diamètre de 20 cm

275 g/10 oz/12/3 tasse de fruits secs mélangés (mélange à gâteau aux fruits)

100 g de beurre ou de margarine

150 ml/¼ pt./2/3 tasse d'eau

1 œuf battu

225 g/8 oz/2 tasses de farine nature (tout usage)

Pincée de sel

100 g/4 oz/½ tasse de sucre en poudre (très fin).

Mettez les fruits, le beurre ou la margarine et l'eau dans une casserole et laissez mijoter 20 minutes. Laisser refroidir. Ajoutez l'œuf, puis ajoutez progressivement la farine, le sel et le sucre. Verser dans un moule à charnière graissé de 20 cm et cuire au four préchauffé à 160°C/325°F/thermostat 3 pendant 1¼ heure, jusqu'à ce qu'un cure-dent inséré au centre en ressorte propre.

Gâteau Dundee

Pour un gâteau d'un diamètre de 20 cm

225 g/8 oz/1 tasse de beurre ou de margarine, ramolli

225 g/8 oz/1 tasse de sucre cristallisé

4 gros œufs

225 g/8 oz/2 tasses de farine nature (tout usage)

Pincée de sel

350g/12oz/2 tasses de groseilles

350 g/12 oz/2 tasses de raisins secs (raisins dorés)

175 g/6 oz/1 tasse de zestes mélangés (confits) hachés

100 g/1 tasse de cerises (confites), coupées en quartiers

Le zeste râpé d'un ½ citron

50 g d'amandes entières blanchies

Battre ensemble le beurre et le sucre jusqu'à ce que le mélange soit léger et pâle. Ajoutez les œufs un à un en battant bien après chaque ajout. Ajouter la farine et le sel. Incorporer les fruits et le zeste de citron. Hachez la moitié des amandes et ajoutez-les au mélange. Versez le mélange dans un moule à gâteau (plateau) de 20 cm de diamètre graissé et tapissé et nouez une bande de papier kraft autour de l'extérieur du moule de manière à ce qu'elle soit environ 5 cm plus haute que le moule. Répartissez les amandes réservées et disposez-les en cercles concentriques sur le dessus du gâteau. Cuire au four préchauffé à 150°C/300°F/thermostat 2 pendant 3h30, jusqu'à ce qu'un cure-dent inséré au centre en ressorte propre. Vérifiez au bout de 2h30 et si le dessus du gâteau dore trop, recouvrez de papier sulfurisé humide (ciré) et réduisez la température du four à 140°C/275°F/thermostat 1 pendant la dernière heure de cuisson.

Gâteau aux fruits sans œufs pour la nuit

Pour un gâteau d'un diamètre de 20 cm

50 g de beurre ou de margarine

225 g/8 oz/2 tasses de farine autolevante (autolevante)

5 ml/1 cuillère à café de bicarbonate de soude (bicarbonate de soude)

5 ml/1 cuillère à café de muscade râpée

5 ml/1 cuillère à café de mélange d'épices moulues (cidre).

Pincée de sel

225 g/8 oz/11/3 tasse de fruits secs mélangés (mélange à gâteau aux fruits)

100 g/4 oz/½ tasse de cassonade molle

250 ml/8 oz/1 tasse de lait

Frottez le beurre ou la margarine avec la farine, le bicarbonate de soude, les épices et le sel jusqu'à ce que le mélange ressemble à de la chapelure. Mélangez les fruits et le sucre, puis incorporez le lait jusqu'à ce que tous les ingrédients soient bien mélangés. Couvrir et laisser reposer toute la nuit.

Versez le mélange dans un moule à pâtisserie de 20 cm de diamètre beurré et saupoudré de chapelure et enfournez au four préchauffé à 180°C/350°F/thermostat 4 pendant 1¾ heures, jusqu'à ce qu'un cure-dent inséré au centre en ressorte propre.

Gâteau aux fruits infaillible

Pour un gâteau d'un diamètre de 23 cm/9

225 g/8 oz/1 tasse de beurre ou de margarine

200g/7oz/fin 1 tasse de sucre en poudre (très fin).

175g/6oz/1 tasse de groseilles

175 g/6 oz/1 tasse de raisins secs (raisins dorés)

50 g / 2 oz / ½ tasse de zestes mélangés (confits) hachés

75 g de dattes sans pépins hachées

5 ml/1 cuillère à café de bicarbonate de soude (bicarbonate de soude)

200 ml/7 oz/moins de 1 tasse d'eau

75 g / 2 oz / ¼ tasse de cerises glacées (confites), hachées

100 g/1 tasse de noix mélangées hachées

60 ml/4 cuillères à soupe de cognac ou de sherry

300 g/11 oz/2¾ tasses de farine nature (tout usage)

5 ml/1 cuillère à café de levure chimique

Pincée de sel

2 œufs légèrement battus

Faire fondre le beurre ou la margarine, puis ajouter le sucre, les raisins secs, les raisins secs, le mélange de zestes et de dattes. Mélangez le bicarbonate de soude avec un peu d'eau et mélangez avec le reste de l'eau. Portez à ébullition, puis laissez mijoter 20 minutes en remuant de temps en temps. Couvrir et réserver toute la nuit.

Beurrer et tapisser un moule à gâteau (étain) de 23 cm/9 cm de diamètre et attacher une double couche de papier sulfurisé (ciré) ou de papier brun de manière à ce qu'elle dépasse au-dessus du moule. Mélangez les cerises, les noix et le cognac ou le xérès, ajoutez la farine, la levure chimique et le sel. Incorporer les œufs. Verser dans le moule à gâteau préparé et cuire au four préchauffé à 160°C/325°F/thermostat 3 pendant 1 heure. Réduisez la température du four à 140°C/275°F/gaz 1 et faites cuire encore 1 heure. Réduisez la température du four à 120°C/250°F/thermostat ½ et faites cuire encore 1 heure, jusqu'à ce qu'un cure-dent inséré au centre en ressorte propre. Couvrir le dessus du gâteau d'un cercle de papier sulfurisé ou de papier kraft en fin de cuisson s'il est trop brun. Laisser refroidir dans le moule pendant 30 minutes, puis transférer sur une grille pour terminer le refroidissement.

Gâteau Aux Fruits Au Gingembre

Pour un gâteau d'un diamètre de 18 cm

100 g/1/2 tasse de beurre ou de margarine molle

100 g/4 oz/½ tasse de sucre en poudre (très fin).

2 œufs légèrement battus

30 ml/2 cuillères à soupe de lait

225 g/8 oz/2 tasses de farine autolevante (autolevante)

5 ml/1 cuillère à café de levure chimique

10 ml / 2 cuillères à café de mélange d'épices moulues (tarte aux pommes).

5 ml/1 cuillère à café de gingembre moulu

100 g/4 oz/2/3 tasse de raisins secs

100 g/4 oz/2/3 tasse de raisins secs (raisins dorés)

Crémer le beurre ou la margarine avec le sucre jusqu'à consistance légère et mousseuse. Ajoutez progressivement les œufs et le lait, puis la farine, la levure chimique et les épices, puis les fruits. Versez le mélange dans une plaque à pâtisserie graissée et panée d'un diamètre de 18 cm et enfournez au four préchauffé à 160°C/325°F/thermostat 3 pendant 1¼ heure jusqu'à ce qu'il soit bien levé et doré.

Gâteau de campagne au miel et aux fruits

Pour un gâteau d'un diamètre de 20 cm

175 g/6 oz/2/3 tasse de beurre ou de margarine, ramollie

175 g/6 oz/½ tasse de miel pur

Le zeste râpé d'1 citron

3 œufs légèrement battus

225 g/8 oz/2 tasses de farine de blé entier (blé entier).

10 ml / 2 cuillères à café de levure chimique

5 ml/1 cuillère à café de mélange d'épices moulues (cidre).

100 g/4 oz/2/3 tasse de raisins secs

100 g/4 oz/2/3 tasse de raisins secs (raisins dorés)

100 g/4 oz/2/3 tasse de groseilles

50 g/1/3 tasse d'abricots secs prêts à manger, hachés

50 g / 2 oz / 1/3 tasse de zestes mélangés (confits) hachés

25 g/1 oz/¼ tasse d'amandes moulues

25 g/1 oz/¼ tasse d'amandes

Mélangez le beurre ou la margarine, le miel et le zeste de citron jusqu'à obtenir une consistance légère et mousseuse. Ajoutez progressivement les œufs, puis ajoutez le mélange de farine, de levure chimique et d'épices. Incorporer les fruits et la poudre d'amandes. Versez-le dans un moule à pâtisserie graissé et pané d'un diamètre de 20 cm/8 (plaque) et faites une légère empreinte au milieu. Disposez les amandes sur le bord supérieur du gâteau. Cuire au four préchauffé à 160°C/325°F/thermostat 3 pendant 2 à 2½ heures, jusqu'à ce qu'un cure-dent inséré au centre en ressorte propre. Couvrir le dessus du gâteau de papier sulfurisé (ciré) en fin de cuisson s'il dore trop. Laisser refroidir dans le moule pendant 10 minutes avant de démouler sur une grille pour terminer le refroidissement.

Gâteau de Gênes

Pour un gâteau d'un diamètre de 23 cm/9

225 g/8 oz/1 tasse de beurre ou de margarine, ramolli

100 g/4 oz/½ tasse de sucre en poudre (très fin).

4 œufs, séparés

5 ml/1 cuillère à café d'essence d'amande (extrait)

5 ml/1 cuillère à café de zeste d'orange râpé

225 g/8 oz/11/3 tasse de raisins secs, hachés

100 g/2/3 tasse de groseilles, hachées

100 g/2/3 tasse de raisins secs (raisins dorés), hachés

50 g / 2 oz / ¼ tasse de cerises glacées (confites), hachées

50 g / 2 oz / 1/3 tasse de zestes mélangés (confits) hachés

100 g/1 tasse d'amandes moulues

25 g/1 oz/¼ tasse d'amandes

350 g/12 oz/3 tasses de farine nature (tout usage)

10 ml / 2 cuillères à café de levure chimique

5 ml/1 cuillère à café de cannelle moulue

Crémer le beurre ou la margarine avec le sucre, puis ajouter les jaunes d'œufs, l'essence d'amande et le zeste d'orange. Mélangez les fruits et les noix avec un peu de farine jusqu'à ce qu'ils soient enrobés, puis ajoutez une cuillère à soupe à la fois de farine, de levure chimique et de cannelle en alternant avec une cuillère à soupe du mélange de fruits jusqu'à ce que le tout soit bien mélangé. Battre les blancs d'œufs en neige ferme puis les incorporer au mélange. Verser dans un moule à cake de 23 cm/9 de diamètre (plaque) beurré et fariné et enfourner dans un four préchauffé à 190°C/375°F/thermostat 5 pendant 30 minutes, puis baisser la température du four à 160°C/325 °F/thermostat 3 pendant encore 1,5 heure, jusqu'à ce qu'il soit élastique au toucher et qu'un cure-dent inséré au centre en ressorte propre. Laisser refroidir dans le moule.

Gâteau à la crème glacée aux fruits

Pour un gâteau d'un diamètre de 23 cm/9

225 g/8 oz/1 tasse de beurre ou de margarine, ramolli

225 g/8 oz/1 tasse de sucre cristallisé

4 œufs légèrement battus

45 ml/3 cuillères à soupe de cognac

250 g/9 oz/1¼ tasse de farine nature (tout usage)

2,5 ml/½ cuillère à café de levure chimique

Pincée de sel

225 g / 8 oz / 1 tasse de fruits mélangés (confits) comme des cerises, des ananas, des oranges, des figues, tranchés

100 g/4 oz/2/3 tasse de raisins secs

100 g/4 oz/2/3 tasse de raisins secs (raisins dorés)

75 g de groseilles

50 g/2 oz/½ tasse de noix mélangées hachées

Le zeste râpé d'1 citron

Crémer le beurre ou la margarine avec le sucre jusqu'à consistance légère et mousseuse. Ajoutez progressivement les œufs et le cognac. Dans un autre bol, mélanger le reste des ingrédients jusqu'à ce que les fruits soient bien enrobés de farine. Ajouter au mélange et bien mélanger. Verser dans un moule à charnière graissé de 23 cm et cuire au four préchauffé à 180°C/350°F/thermostat 4 pendant 30 minutes. Réduisez la température du four à 150°C/300°F/thermostat 3 et faites cuire encore 50 minutes, jusqu'à ce qu'un cure-dent inséré au centre en ressorte propre.

Gâteau aux fruits à la Guinness

Pour un gâteau d'un diamètre de 23 cm/9

225 g/8 oz/1 tasse de beurre ou de margarine

225 g/8 oz/1 tasse de cassonade molle

300 ml/½ pt/1¼ tasse de Guinness ou stout

225 g/8 oz/1 1/3 tasse de raisins secs

225 g/8 oz/1 1/3 tasse de raisins secs (raisins dorés)

225 g/8 oz/1 1/3 tasse de groseilles

100 g/2/3 tasse de zestes mélangés (confits) hachés

550 g/1¼ lb/5 tasses de farine nature (tout usage)

2,5 ml/½ cuillère à café de bicarbonate de soude (bicarbonate de soude)

5 ml/1 cuillère à café de mélange d'épices moulues (cidre).

2,5 ml/½ cuillère à café de muscade râpée

3 œufs légèrement battus

Portez à ébullition le beurre ou la margarine, le sucre et la Guinness dans une petite casserole à feu doux, en remuant jusqu'à ce que le tout soit bien mélangé. Mélangez les fruits et les zestes, portez à ébullition puis laissez mijoter 5 minutes. Retirer du feu et laisser refroidir.

Mélangez la farine, le bicarbonate de soude et les épices et faites un puits au centre. Ajouter le mélange de fruits frais et l'œuf et mélanger jusqu'à ce que le tout soit bien mélangé. Verser dans une plaque à pâtisserie graissée et saupoudrée de 23 cm de diamètre et cuire au four préchauffé à 160°C/325°F/thermostat 3 pendant 2 heures, jusqu'à ce qu'un cure-dent inséré au centre en ressorte propre. Laisser refroidir dans le moule pendant 20 minutes, puis transférer sur une grille pour terminer le refroidissement.

Pâte hachée

Pour un gâteau d'un diamètre de 20 cm

225 g/8 oz/2 tasses de farine autolevante (autolevante)

350 g/12 oz/2 tasses de viande hachée

75 g/3 oz/½ tasse de fruits secs mélangés (mélange à gâteau aux fruits)

3 oeufs

150 g/5 oz/2/3 tasse de margarine molle

150 g/5 oz/2/3 tasse de cassonade molle

Mélanger tous les ingrédients jusqu'à ce que le tout soit bien mélangé. Verser dans un moule à cake de 20 cm de diamètre beurré et saupoudré de chapelure et enfourner au four préchauffé à 160°C/325°F/thermostat 3 pendant 1h30 jusqu'à ce qu'il lève bien et durcisse au toucher.

Gâteau aux flocons d'avoine et aux abricots

Pour un gâteau d'un diamètre de 20 cm

175 g/6 oz/¾ tasse de beurre ou de margarine, ramollie

50 g/2 oz/¼ tasse de cassonade molle

30 ml/2 cuillères à soupe de miel léger

3 œufs battus

175 g/6 oz/¼ tasse de farine de blé entier (blé entier).

50 g/2 oz/½ tasse de farine d'avoine

10 ml / 2 cuillères à café de levure chimique

250 g/1½ tasse de fruits secs mélangés (mélange à gâteau aux fruits)

50 g/1/3 tasse d'abricots secs prêts à manger, hachés

Zeste râpé et jus d'1 citron

Crémer le beurre ou la margarine et le sucre avec le miel jusqu'à consistance légère et mousseuse. Ajoutez progressivement les œufs en alternant avec la farine et la levure chimique. Incorporer les fruits secs ainsi que le jus et le zeste de citron. Verser dans un moule à cake (plaque) de 20 cm de diamètre beurré et chemisé et cuire au four préchauffé à 180°C/350°F/thermostat 4 pendant 1 heure. Réduisez la température du four à 160°C/325°F/thermostat 3 et faites cuire encore 30 minutes, jusqu'à ce qu'un cure-dent inséré au centre en ressorte propre. Couvrir le dessus de papier sulfurisé si le gâteau commence à dorer trop vite.

Gâteau aux fruits pour la nuit

Pour un gâteau d'un diamètre de 20 cm

450 g/1 lb/4 tasse de farine nature (tout usage)

225 g/8 oz/1 1/3 tasse de groseilles

225 g/8 oz/1 1/3 tasse de raisins secs (raisins dorés)

225 g/8 oz/1 tasse de cassonade molle

50 g / 2 oz / 1/3 tasse de zestes mélangés (confits) hachés

175 g/6 oz/¾ tasse de saindoux (shortening)

15 ml/1 cuillère à soupe de golden (sirop de maïs léger).

10 ml/2 cuillères à café de bicarbonate de soude (bicarbonate de soude)

15 ml/1 cuillère à soupe de lait

300 ml/½ pt/1¼ tasse d'eau

Mélangez la farine, les fruits, le sucre et le zeste. Faire fondre le saindoux et le sirop et mélanger au mélange. Dissoudre le bicarbonate de sodium dans le lait et mélanger au mélange à gâteau et à l'eau. Versez le mélange dans un moule à cake beurré de 20 cm de diamètre, couvrez et réservez toute une nuit.

Cuire le gâteau dans un four préchauffé à 160°C/375°F/thermostat 3 pendant 1¾ heures, jusqu'à ce qu'un cure-dent inséré au centre en ressorte propre.

Gâteau aux raisins secs et aux épices

Recette pour un pain 900 g/2 lb

225 g/8 oz/1 tasse de cassonade molle

300 ml/½ pt/1¼ tasse d'eau

100 g de beurre ou de margarine

15 ml/1 cuillère à soupe de mélasse noire (mélasse)

175g/6oz/1 tasse de raisins secs

5 ml/1 cuillère à café de cannelle moulue

2. 5 ml/½ cuillère à café de muscade râpée

2,5 ml/½ cuillère à café de piment de la Jamaïque

225 g/8 oz/2 tasses de farine nature (tout usage)

5 ml/1 cuillère à café de levure chimique

5 ml/1 cuillère à café de bicarbonate de soude (bicarbonate de soude)

Faire fondre le sucre, l'eau, le beurre ou la margarine, la mélasse, les raisins secs et les épices dans une petite casserole à feu moyen, en remuant constamment. Porter à ébullition et laisser mijoter 5 minutes. Retirer du feu et mélanger avec le reste des ingrédients. Versez le mélange dans une plaque à pâtisserie de 900 g graissée et farinée et enfournez dans un four préchauffé à 180°C/350°F/thermostat 4 pendant 50 minutes, jusqu'à ce qu'un cure-dent inséré au centre en ressorte propre.

Gâteau Richmond

Pour un gâteau d'un diamètre de 15 cm

225 g/8 oz/2 tasses de farine nature (tout usage)

Pincée de sel

75 g/3 oz/1/3 tasse de beurre ou de margarine

100 g/4 oz/½ tasse de sucre en poudre (très fin).

2,5 ml/½ cuillère à café de levure chimique

100 g/4 oz/2/3 tasse de groseilles

2 oeufs, battus

Un peu de lait

Mettez la farine et le sel dans un bol et frottez avec du beurre ou de la margarine jusqu'à ce que le mélange ressemble à de la chapelure. Mélanger le sucre, la levure chimique et les groseilles. Ajouter les œufs et suffisamment de lait pour mélanger jusqu'à consistance ferme. Verser dans un moule à cake beurré et pané de 15 cm de diamètre. Cuire au four préchauffé à 190°C/375°F/thermostat 5 pendant environ 45 minutes, jusqu'à ce qu'un cure-dent inséré au centre en ressorte propre. Laisser refroidir sur une grille.

Gâteau Aux Fruits Au Safran

Recette pour deux gâteaux de 450 g/1 lb

2,5 ml/½ cuillère à café de fils de safran

Eau chaude

15 g de levure fraîche ou 20 ml / 4 cuillères à café de levure sèche

900 g/2 lb/8 tasses de farine nature (tout usage)

225 g/8 oz/1 tasse de sucre cristallisé

2,5 ml / ½ cuillère à café de mélange d'épices moulues (tarte aux pommes).

Pincée de sel

100 g de saindoux (court)

100 g de beurre ou de margarine

300 ml/½ pt/1¼ tasse de lait chaud

350 g/12 oz/2 tasses de fruits secs mélangés (mélange à gâteau aux fruits)

50 g / 2 oz / 1/3 tasse de zestes mélangés (confits) hachés

Hachez les fils de safran et laissez-les tremper toute la nuit dans 45 ml/3 cuillères à soupe d'eau tiède.

Mélangez la levure avec 30 ml/2 cuillères à soupe de farine, 5 ml/1 cuillère à café de sucre et 75 ml/5 cuillères à soupe d'eau tiède et laissez reposer dans un endroit chaud pendant 20 minutes jusqu'à ce qu'elle mousse.

Mélangez le reste de la farine et du sucre avec les épices et le sel. Incorporer le saindoux et le beurre ou la margarine jusqu'à ce que le mélange ressemble à de la chapelure, puis faire un puits au centre. Ajouter le mélange de levure, le safran et le safran liquide, le lait tiède, les fruits et les zestes mélangés et mélanger pour former une pâte molle. Placer dans un bol huilé, couvrir d'une pellicule plastique (papier d'aluminium) et réserver dans un endroit chaud pendant 3 heures.

Formez deux pains, placez-les dans deux moules à cake de 450 g graissés et enfournez dans un four préchauffé à 220°C/450°F/thermostat 7 pendant 40 minutes, jusqu'à ce qu'ils soient bien levés et dorés.

Gâteau aux fruits et au soda

Donne un gâteau de 450 g/1 lb

225 g/8 oz/2 tasses de farine nature (tout usage)

1,5 ml/¼ cuillère à café de sel

Une pincée de bicarbonate de soude (bicarbonate de soude)

50 g de beurre ou de margarine

50 g/2 oz/¼ tasse de sucre en poudre (très fin).

100 g/2/3 tasse de fruits secs mélangés (mélange à gâteau aux fruits)

150 ml/¼ pt./2/3 tasse de lait aigre ou de lait avec 5 ml/1 cuillère à café de jus de citron

5 ml/1 cuillère à café de mélasse verte (mélasse)

Mélangez la farine, le sel et le bicarbonate de soude dans un bol. Incorporer le beurre ou la margarine jusqu'à ce que le mélange ressemble à de la chapelure. Ajouter le sucre et les fruits et bien mélanger. Faites chauffer le lait et la mélasse jusqu'à ce que la mélasse se dissolve, puis ajoutez-les aux ingrédients secs et mélangez jusqu'à consistancc ferme. Verser dans un moule à pâtisserie graissé de 450 g et cuire au four préchauffé à 190°C/375°F/thermostat 5 pendant environ 45 minutes, jusqu'à ce qu'ils soient dorés.

Gâteau aux fruits rapide

Pour un gâteau d'un diamètre de 20 cm

450 g/1 lb/22/3 tasse de fruits secs mélangés (mélange à gâteau aux fruits)

225 g/8 oz/1 tasse de cassonade molle

100 g de beurre ou de margarine

150 ml/¼ pt./2/3 tasse d'eau

2 oeufs, battus

225 g/8 oz/2 tasses de farine autolevante (autolevante)

Portez à ébullition les fruits, le sucre, le beurre ou la margarine et l'eau, puis couvrez et laissez mijoter 15 minutes. Laisser refroidir. Incorporer les œufs et la farine, puis verser le mélange dans un moule à cake de 20 cm/8 beurré et chemisé et cuire au four préchauffé à 150°C/300°F/thermostat 3 pendant 1h30, jusqu'à ce que le dessus soit bien fermé. dorer et rétrécir des côtés de la boîte.

Gâteau Aux Fruits Au Thé Chaud

Donne un gâteau de 900 g/2 lb

450 g/1 lb/2½ tasse de fruits secs mélangés (mélange à gâteau aux fruits)

300 ml/½ pt/1¼ tasse de thé noir chaud

350 g/10 oz/1¼ tasse de cassonade molle

350g/10oz/2½ tasses de farine autolevante (autolevante)

1 œuf battu

Placez les fruits dans du thé chaud et laissez tremper toute la nuit. Mélanger le sucre, la farine et l'œuf et placer dans un moule à pain de 900 g (plateau) beurré et tapissé de papier. Cuire au four préchauffé à 160°C/325°F/thermostat 3 pendant 2 heures, jusqu'à ce qu'ils soient bien levés et dorés.

Gâteau Aux Fruits Au Thé Froid

Pour un gâteau d'un diamètre de 15 cm

100 g de beurre ou de margarine

225 g/8 oz/11/3 tasse de fruits secs mélangés (mélange à gâteau aux fruits)

250 ml/8 fl oz/1 tasse de thé noir froid

225 g/8 oz/2 tasses de farine autolevante (autolevante)

100 g/4 oz/½ tasse de sucre en poudre (très fin).

5 ml/1 cuillère à café de bicarbonate de soude (bicarbonate de soude)

1 œuf large

Faire fondre le beurre ou la margarine dans une casserole, ajouter les fruits et le thé et porter à ébullition. Cuire 2 minutes puis laisser refroidir. Incorporer le reste des ingrédients et bien mélanger. Verser dans un moule graissé et pané d'un diamètre de 15 cm/6 et cuire au four préchauffé à 160°C/325°F/thermostat 3 pendant 1¼-1½ heures, jusqu'à ce qu'il soit ferme au toucher. Laisser refroidir, puis servir tranché et tartiné de beurre.

Gâteau Aux Fruits Sans Sucre

Pour un gâteau d'un diamètre de 20 cm

4 abricots secs

60 ml/4 cuillères à soupe de jus d'orange

250 ml/8 fl oz/1 tasse de bière brune

100 g/4 oz/2/3 tasse de raisins secs (raisins dorés)

100 g/4 oz/2/3 tasse de raisins secs

50 g de groseilles

50 g de beurre ou de margarine

225 g/8 oz/2 tasses de farine autolevante (autolevante)

75 g/3 oz/¾ tasse de noix mélangées hachées

10 ml / 2 cuillères à café de mélange d'épices moulues (tarte aux pommes).

5 ml/1 cuillère à café de café instantané en poudre

3 œufs légèrement battus

15 ml/1 cuillère à soupe de cognac ou de whisky

Faites tremper les abricots dans le jus d'orange jusqu'à ce qu'ils soient tendres, puis hachez-les. Mettre dans une casserole avec la stout, les fruits secs et le beurre ou la margarine, porter à ébullition et laisser mijoter 20 minutes. Laisser refroidir.

Mélanger la farine, les noix, les épices et le café. Incorporer le mélange épais, les œufs et le cognac ou le whisky. Versez le mélange dans un moule à pâtisserie de 20 cm de diamètre beurré et saupoudré et enfournez dans un four préchauffé à 180°C/thermostat 4 pendant 20 minutes. Réduisez la température du four à 150°C/300°F/gaz 2 et faites cuire encore 1h30, jusqu'à ce qu'un cure-dent inséré au centre en ressorte propre. Couvrir le dessus de papier sulfurisé (ciré) à la fin de la cuisson s'il dore trop.

Laisser refroidir dans le moule pendant 10 minutes avant de démouler sur une grille pour terminer le refroidissement.

Petits Gâteaux Aux Fruits

Donne 48

100 g/1/2 tasse de beurre ou de margarine molle

225 g/8 oz/1 tasse de cassonade molle

2 œufs légèrement battus

175 g/6 oz/1 tasse de dattes dénoyautées (sans pépins), hachées

50 g/2 oz/½ tasse de noix mélangées hachées

15 ml/1 cuillère à soupe de zeste d'orange râpé

225 g/8 oz/2 tasses de farine nature (tout usage)

5 ml/1 cuillère à café de bicarbonate de soude (bicarbonate de soude)

2,5 ml / ½ cuillère à café de sel

150 ml/¼ pt/2/3 tasse de babeurre

6 cerises glacées (confites), coupées en tranches

Glaçage à l'orange pour gâteaux aux fruits

Crémer le beurre ou la margarine avec le sucre jusqu'à consistance légère et mousseuse. Incorporez les œufs petit à petit. Incorporer les dattes, les noix et le zeste d'orange. Mélangez la farine, le bicarbonate de soude et le sel. Ajouter au mélange en alternance avec le babeurre et battre jusqu'à ce que les ingrédients soient bien mélangés. Verser dans des moules à muffins graissés de 5 cm/2 et décorer de cerises. Cuire au four préchauffé à 190°C/375°F/thermostat 5 pendant 20 minutes, jusqu'à ce qu'un cure-dent inséré au centre en ressorte propre. Transférer sur une grille de refroidissement et laisser réchauffer, puis tartiner de glaçage à l'orange.

Gâteau aux fruits au vinaigre

Pour un gâteau d'un diamètre de 23 cm/9

225 g/8 oz/1 tasse de beurre ou de margarine

450 g/1 lb/4 tasse de farine nature (tout usage)

225 g/8 oz/11/3 tasse de raisins secs (raisins dorés)

100 g/4 oz/2/3 tasse de raisins secs

100 g/4 oz/2/3 tasse de groseilles

225 g/8 oz/1 tasse de cassonade molle

5 ml/1 cuillère à café de bicarbonate de soude (bicarbonate de soude)

300 ml/½ pt/1¼ tasse de lait

45 ml/3 cuillères à soupe de vinaigre de malt

Frottez le beurre ou la margarine avec la farine jusqu'à ce que le mélange ressemble à de la chapelure. Mélangez les fruits et le sucre et faites un puits au milieu. Mélangez le bicarbonate de soude, le lait et le vinaigre – le mélange moussera. Incorporer les ingrédients secs jusqu'à ce que le tout soit bien mélangé. Versez le mélange dans un moule de 23 cm de diamètre beurré et saupoudré de chapelure et enfournez au four préchauffé à 200°C/400°F/thermostat 6 pendant 25 minutes. Réduisez la température du four à 160°C/325°F/thermostat 3 et faites cuire encore 1h30, jusqu'à ce qu'ils soient dorés et fermes au toucher. Laisser refroidir dans le moule pendant 5 minutes, puis transférer sur une grille pour terminer le refroidissement.

Gâteau au whisky de Virginie

Donne un gâteau de 450 g/1 lb

100 g/1/2 tasse de beurre ou de margarine molle

50 g/2 oz/¼ tasse de sucre en poudre (très fin).

3 œufs, séparés

175 g/6 oz/1½ tasse de farine nature (tout usage)

5 ml/1 cuillère à café de levure chimique

Une pincée de muscade râpée

Une pincée de masse moulue

120 ml/4 fl oz/½ tasse de port

30 ml/2 cuillères à soupe de cognac

100 g/2/3 tasse de fruits secs mélangés (mélange à gâteau aux fruits)

120 ml/4 oz/½ tasse de whisky

Crémer le beurre et le sucre jusqu'à consistance lisse. Incorporer les jaunes d'œufs. Mélangez la farine avec la levure chimique et les épices et incorporez au mélange. Incorporer le porto, le cognac et les fruits secs. Battez les blancs d'œufs en neige ferme puis ajoutez-les au mélange. Verser dans un moule (plaque) graissé de 450 g et cuire au four préchauffé à 160°C/325°F/thermostat 3 pendant 1 heure, jusqu'à ce qu'un cure-dent inséré au centre en ressorte propre. Laisser refroidir dans le moule, puis verser le whisky sur le gâteau et laisser reposer 24 heures dans le moule avant de découper.

Gâteau aux fruits gallois

Pour un gâteau d'un diamètre de 23 cm/9

50 g de beurre ou de margarine

50 g/2 oz/¼ tasse de saindoux (shortening)

225 g/8 oz/2 tasses de farine nature (tout usage)

Pincée de sel

10 ml / 2 cuillères à café de levure chimique

100 g/4 oz/½ tasse de sucre demerara

175 g/6 oz/1 tasse de fruits secs mélangés (mélange à gâteau aux fruits)

Zeste râpé et jus d'un ½ citron

1 œuf légèrement battu

30 ml/2 cuillères à soupe de lait

Frottez le beurre ou la margarine et le saindoux avec la farine, le sel et la levure chimique jusqu'à ce que le mélange ressemble à de la chapelure. Ajoutez le sucre, les fruits, le zeste et le jus de citron, puis ajoutez l'œuf et le lait et pétrissez une pâte molle. Former un moule à pâtisserie graissé et tapissé de papier d'un diamètre de 23 cm/9 (plaque) et cuire au four préchauffé à 200°C/400°F/thermostat 6 pendant 20 minutes jusqu'à ce qu'il soit levé et doré.

Gâteau Aux Fruits Blancs

Pour un gâteau d'un diamètre de 23 cm/9

100 g/1/2 tasse de beurre ou de margarine molle

225 g/8 oz/1 tasse de sucre cristallisé

5 œufs légèrement battus

350 g/12 oz/2 tasses de fruits secs mélangés

350 g/12 oz/2 tasses de raisins secs (raisins dorés)

100 g de dattes dénoyautées (sans noyau), hachées

100 g/1/2 tasse de cerises glacées (confites), hachées

100 g/½ tasse de glaçage à l'ananas (confit), haché

100 g/1 tasse de noix mélangées hachées

225 g/8 oz/2 tasses de farine nature (tout usage)

10 ml / 2 cuillères à café de levure chimique

2,5 ml / ½ cuillère à café de sel

60 ml/4 cuillères à soupe de jus d'ananas

Crémer le beurre ou la margarine avec le sucre jusqu'à consistance légère et mousseuse. Ajoutez progressivement les œufs en battant bien après chaque ajout. Mélangez tous les fruits, les noix et un peu de farine jusqu'à ce que les ingrédients soient bien enrobés de farine. Mélangez la levure chimique et le sel avec le reste de la farine, puis incorporez le mélange d'œufs en alternant avec le jus d'ananas jusqu'à ce que le mélange soit homogène. Ajouter les fruits et bien mélanger. Verser dans un moule graissé et pané d'un diamètre de 23 cm/9 (plaque) et cuire au four préchauffé à 140°C/275°F/thermostat 1 pendant environ 2h30, jusqu'à ce qu'un cure-dent inséré au centre en ressorte. faire le ménage. Laisser refroidir dans le moule pendant 10 minutes avant de démouler sur une grille pour terminer le refroidissement.

tarte aux pommes

Pour un gâteau d'un diamètre de 20 cm

175 g/6 oz/1½ tasse de farine autolevante (autolevante)

5 ml/1 cuillère à café de levure chimique

Pincée de sel

150g/5oz/2/3 tasse de beurre ou de margarine

150g/5oz/2/3 tasse de sucre cristallisé

1 œuf battu

175 ml/6 oz/¾ tasse de lait

3 pommes de table (de dessert), pelées, épépinées et coupées en tranches

2,5 ml/½ cuillère à café de cannelle moulue

15 ml/1 cuillère à soupe de miel léger

Mélanger la farine, la levure chimique et le sel. Frotter le beurre ou la margarine jusqu'à ce que le mélange ressemble à de la chapelure, puis incorporer le sucre. Incorporer l'œuf et le lait. Versez le mélange dans un moule à cake de 20 cm de diamètre (plateau) beurré et tapissé de papier et pressez délicatement les tranches de pomme dessus. Saupoudrer de cannelle et verser le miel. Cuire au four préchauffé à 200°C/400°F/thermostat 6 pendant 45 minutes, jusqu'à ce qu'ils soient dorés et fermes au toucher.

Tarte aux pommes avec dessus croustillant

Pour un gâteau d'un diamètre de 20 cm

75 g/3 oz/1/3 tasse de beurre ou de margarine

175 g/6 oz/1½ tasse de farine autolevante (autolevante)

50 g/2 oz/¼ tasse de sucre en poudre (très fin).

1 oeuf

75 ml/5 cuillères à soupe d'eau

3 pommes (dessert), pelées, épépinées et coupées en quartiers

Pour la garniture :

75 g/3 oz/1/3 tasse de sucre demerara

10 ml/2 cuillères à café de cannelle moulue

25 g/1 oz/2 cuillères à soupe de beurre ou de margarine

Frottez le beurre ou la margarine avec la farine jusqu'à ce que le mélange ressemble à de la chapelure. Incorporer le sucre, puis mélanger avec l'œuf et l'eau pour obtenir une pâte molle. Ajoutez un peu plus d'eau si le mélange est trop sec. Étalez la pâte dans un moule à gâteau de 20 cm (plateau) et pressez les pommes dans la pâte. Saupoudrer de sucre Demerara et de cannelle et arroser de beurre ou de margarine. Cuire au four préchauffé à 180°C/350°F/thermostat 4 pendant 30 minutes, jusqu'à ce qu'ils soient dorés et fermes au toucher.

Gâteau américain aux pommes

Pour un gâteau d'un diamètre de 20 cm

50 g de beurre ou de margarine molle

225 g/8 oz/1 tasse de cassonade molle

1 œuf légèrement battu

5 ml/1 cuillère à café d'essence de vanille (extrait)

100 g / 4 oz / 1 tasse de farine nature (tout usage)

2,5 ml/½ cuillère à café de levure chimique

2,5 ml/½ cuillère à café de bicarbonate de soude (bicarbonate de soude)

2,5 ml / ½ cuillère à café de sel

2,5 ml/½ cuillère à café de cannelle moulue

2,5 ml/½ cuillère à café de muscade râpée

450 g de pommes de table pelées, épépinées et coupées en cubes

25 g/1 oz/¼ tasse d'amandes, hachées

Crémer le beurre ou la margarine avec le sucre jusqu'à consistance légère et mousseuse. Ajoutez progressivement l'œuf et l'essence de vanille. Mélanger la farine, la levure chimique, le bicarbonate de soude, le sel et les épices et mélanger jusqu'à homogénéité. Incorporer les pommes et les noix. Verser dans un moule (plaque) carré de 20 cm de diamètre beurré et recouvert de papier sulfurisé et cuire au four préchauffé à 180°C/350°F/thermostat 4 pendant 45 minutes, jusqu'à ce qu'un cure-dent inséré au centre en ressorte propre.

Gâteau aux pommes avec purée

Donne un gâteau de 900 g/2 lb

100 g/1/2 tasse de beurre ou de margarine molle

225 g/8 oz/1 tasse de cassonade molle

2 œufs légèrement battus

225 g/8 oz/2 tasses de farine nature (tout usage)

5 ml/1 cuillère à café de cannelle moulue

2,5 ml/½ cuillère à café de muscade râpée

100 g/1 tasse de purée de pomme (sauce)

5 ml/1 cuillère à café de bicarbonate de soude (bicarbonate de soude)

30 ml/2 cuillères à soupe d'eau chaude

Crémer le beurre ou la margarine avec le sucre jusqu'à consistance légère et mousseuse. Incorporez progressivement les œufs. Mélanger la farine, la cannelle, la muscade et la purée de pomme. Mélangez le bicarbonate de soude avec de l'eau chaude et incorporez-le au mélange. Verser dans un moule (plaque) de 900 g graissé et cuire au four préchauffé à 180°C/350°F/thermostat 4 pendant 1¼ heure, jusqu'à ce qu'un cure-dent inséré au centre en ressorte propre.

Gâteau au cidre de pomme

Pour un gâteau d'un diamètre de 20 cm

100 g/1/2 tasse de beurre ou de margarine molle

150g/5oz/2/3 tasse de sucre cristallisé

3 oeufs

225 g/8 oz/2 tasses de farine autolevante (autolevante)

5 ml/1 cuillère à café de mélange d'épices moulues (cidre).

5 ml/1 cuillère à café de bicarbonate de soude (bicarbonate de soude)

5 ml/1 cuillère à café de levure chimique

150 ml/¼ pt/2/3 tasse de cidre sec

2 pommes à cuire (tarte), pelées, épépinées et coupées en tranches

75 g/3 oz/1/3 tasse de sucre demerara

100 g/1 tasse de noix mélangées hachées

Mélangez le beurre ou la margarine, le sucre, les œufs, la farine, les épices, le bicarbonate de soude, la levure chimique et 120 ml/½ tasse de cidre jusqu'à homogénéité, en ajoutant le reste du cidre si nécessaire pour obtenir une pâte lisse. Versez la moitié du mélange dans un moule à cake (plateau) de 20 cm de diamètre beurré et chemisé de chapelure et recouvrez de la moitié des tranches de pomme. Mélangez le sucre et les noix et répartissez-en la moitié sur les pommes. Verser le reste du mélange à gâteau et saupoudrer du reste des pommes et du reste du mélange de sucre et de noix. Cuire au four préchauffé à 180°C/350°F/thermostat 4 pendant 1 heure, jusqu'à ce qu'ils soient dorés et fermes au toucher.

Gâteau aux pommes et à la cannelle

Pour un gâteau d'un diamètre de 23 cm/9

100 g de beurre ou de margarine

100 g/4 oz/½ tasse de sucre en poudre (très fin).

1 œuf légèrement battu

100 g / 4 oz / 1 tasse de farine nature (tout usage)

5 ml/1 cuillère à café de levure chimique

30 ml/2 cuillères à soupe de lait (facultatif)

2 grosses pommes cuites (acidulées), pelées, évidées et coupées en tranches

30 ml/2 cuillères à soupe de sucre fin

5 ml/1 cuillère à café de cannelle moulue

25 g/1 oz/¼ tasse d'amandes, hachées

30 ml/2 cuillères à soupe de sucre demerara

Crémer le beurre ou la margarine avec le sucre jusqu'à consistance légère et mousseuse. Ajoutez progressivement l'œuf, puis ajoutez la farine et la levure chimique. Le mélange doit être assez ferme ; s'il est trop ferme, ajoutez un peu de lait. Versez la moitié du mélange dans un moule à cake de 23 cm de diamètre, beurré et recouvert de papier sulfurisé, à fond amovible. Disposez dessus des tranches de pommes. Mélangez le sucre et la cannelle et saupoudrez les pommes d'amandes. Décorer avec le reste de pâte et saupoudrer de sucre demerara. Cuire au four préchauffé à 180°C/350°F/thermostat 4 pendant 30-35 minutes, jusqu'à ce qu'un cure-dent inséré au centre en ressorte propre.

Gâteau aux pommes espagnol

Pour un gâteau d'un diamètre de 23 cm/9

175 g/6 oz/¾ tasse de beurre ou de margarine

6 pommes Coxa (dessert), pelées, épépinées et coupées en morceaux

30 ml/2 cuillères à soupe d'eau-de-vie de pomme

175 g/6 oz/¾ tasse de sucre cristallisé

150 g/5 oz/1¼ tasse de farine nature (tout usage)

10 ml / 2 cuillères à café de levure chimique

5 ml/1 cuillère à café de cannelle moulue

3 œufs légèrement battus

45 ml/3 cuillères à soupe de lait

                      Pour le glaçage:
60 ml/4 cuillères à soupe de confiture d'abricots (en conserve), tamisée (égouttée)

15 ml/1 cuillère à soupe d'eau-de-vie de pomme

5 ml/1 cuillère à café de farine de maïs (amidon de maïs)

10 ml/2 cuillères à café d'eau

Faites fondre le beurre ou la margarine dans une grande poêle et faites revenir les morceaux de pomme à feu doux pendant 10 minutes en remuant une fois pour les enrober de beurre. Retirer du feu. Hachez un tiers des pommes et ajoutez l'eau-de-vie de pomme, puis mélangez avec le sucre, la farine, la levure chimique et la cannelle. Ajouter les œufs et le lait et mélanger à la cuillère dans un moule à cake beurré et fariné d'un diamètre de 23 cm/9 dans un fond meuble (assiette). Disposez dessus les tranches de pommes restantes. Cuire au four préchauffé à 180°C/350°F/thermostat 4 pendant 45 minutes, jusqu'à ce qu'il soit bien levé, doré et commence à se détacher des parois du moule.

Pour faire le glaçage, faites chauffer la confiture et le cognac ensemble. Mélangez la maïzena et l'eau pour obtenir une pâte et incorporez la confiture et le cognac. Cuire quelques minutes en remuant jusqu'à ce qu'il soit clair. Répartir sur le gâteau chaud et laisser refroidir 30 minutes. Retirez les parois du moule à cake, réchauffez le glaçage et badigeonnez une seconde fois. Laisser refroidir.

Gâteau aux pommes et à la sultane

Pour un gâteau d'un diamètre de 20 cm

350 g/12 oz/3 tasses de farine autolevante (autolevante)

Pincée de sel

2,5 ml/½ cuillère à café de cannelle moulue

225 g/8 oz/1 tasse de beurre ou de margarine

175 g/6 oz/¾ tasse de sucre cristallisé

100 g/4 oz/2/3 tasse de raisins secs (raisins dorés)

450 g de pommes (tarte) à cuire, pelées, évidées et hachées finement

2 oeufs

Un peu de lait

Mélangez la farine, le sel et la cannelle, puis incorporez le beurre ou la margarine jusqu'à ce que le mélange ressemble à de la chapelure. Incorporer le sucre. Faites un puits au centre et ajoutez les raisins secs, les pommes et les œufs et mélangez bien en ajoutant un peu de lait pour obtenir un mélange ferme. Verser dans un moule à charnière graissé de 20 cm et cuire au four préchauffé à 180°C/350°F/thermostat 4 pendant environ 1½ à 2 heures, jusqu'à ce qu'il soit ferme au toucher. Servir tiède ou froid.

Gâteau aux pommes à l'envers

Pour un gâteau d'un diamètre de 23 cm/9

2 pommes de table (de dessert), pelées, épépinées et coupées en fines tranches

75g/3oz/1/3 tasse de cassonade molle

45 ml/3 cuillères à soupe de raisins secs

30 ml/2 cuillères à soupe de jus de citron

Sur le gâteau :

200 g/7 oz/1¾ tasse de farine nature (tout usage)

50 g/2 oz/¼ tasse de sucre en poudre (très fin).

10 ml / 2 cuillères à café de levure chimique

5 ml/1 cuillère à café de bicarbonate de soude (bicarbonate de soude)

5 ml/1 cuillère à café de cannelle moulue

Pincée de sel

120 ml/4 fl oz/½ tasse de lait

50 g/½ tasse de purée de pomme (sauce)

75 ml/5 cuillères à soupe d'huile

1 œuf légèrement battu

5 ml/1 cuillère à café d'essence de vanille (extrait)

Mélangez les pommes, le sucre, les raisins secs et le jus de citron et disposez-les au fond d'un moule à cake de 23 cm de diamètre beurré. Mélangez les ingrédients secs de la pâte et faites un puits au centre. Mélanger le lait, la compote de pommes, l'huile, l'œuf et l'essence de vanille et mélanger aux ingrédients secs jusqu'à homogénéité. Verser dans le moule à gâteau et cuire au four préchauffé à 180°C/350°F/thermostat 4 pendant 40 minutes, jusqu'à ce que le gâteau soit doré et commence à se décoller des parois du moule. Laisser refroidir dans le moule pendant 10 minutes, puis retourner délicatement sur une assiette. Servir tiède ou froid.

Gâteau aux abricots

Recette pour un pain 900 g/2 lb

225 g/8 oz/1 tasse de beurre ou de margarine, ramolli

225 g/8 oz/1 tasse de sucre cristallisé

2 œufs bien battus

6 abricots mûrs, dénoyautés (sans pépins), pelés et écrasés

300 g/11 oz/2¾ tasses de farine nature (tout usage)

5 ml/1 cuillère à café de bicarbonate de soude (bicarbonate de soude)

Pincée de sel

75 g/3 oz/¾ tasse d'amandes, hachées

Crémer le beurre ou la margarine avec le sucre. Ajoutez progressivement les œufs puis mélangez avec les abricots. Fouetter ensemble la farine, le bicarbonate de soude et le sel. Incorporer les noix. Verser dans un moule de 900 g graissé et fariné et cuire au four préchauffé à 180°C/350°F/thermostat 4 pendant 1 heure, jusqu'à ce qu'un cure-dent inséré au centre en ressorte propre. Laisser refroidir dans le moule avant de démouler.

Gâteau aux abricots et gingembre

Pour un gâteau d'un diamètre de 18 cm

100 g/4 oz/1 tasse de farine autolevante (autolevante)

100 g/4 oz/½ tasse de cassonade molle

10 ml/2 cuillères à café de gingembre moulu

100 g/1/2 tasse de beurre ou de margarine molle

2 œufs légèrement battus

100 g/2/3 tasse d'abricots secs prêts à manger, hachés

50g/2oz/1/3 tasse de raisins secs

Battre la farine, le sucre, le gingembre, le beurre ou la margarine et les œufs jusqu'à consistance lisse. Incorporer les abricots et les raisins secs. Versez le mélange dans un moule à pâtisserie beurré et chemisé d'un diamètre de 18 cm (plaque) et enfournez dans un four préchauffé à 180°C/thermostat 4 pendant 30 minutes, jusqu'à ce qu'un cure-dent inséré au centre en ressorte. faire le ménage.

Gâteau aux abricots éméché

Pour un gâteau d'un diamètre de 20 cm

120 ml/4 fl oz/½ tasse de brandy ou de rhum

120 ml/4 fl oz/½ tasse de jus d'orange

225 g/11/3 tasse d'abricots secs prêts à manger, hachés

100 g/4 oz/2/3 tasse de raisins secs (raisins dorés)

175 g/6 oz/¾ tasse de beurre ou de margarine, ramollie

45 ml/3 cuillères à soupe de miel léger

4 œufs, séparés

175 g/6 oz/1½ tasse de farine autolevante (autolevante)

10 ml / 2 cuillères à café de levure chimique

Faire bouillir du cognac ou du rhum et du jus d'orange avec des abricots et des raisins secs. Bien mélanger, puis retirer du feu et laisser refroidir. Crémer le beurre ou la margarine avec le miel, puis ajouter progressivement les jaunes d'œufs. Ajouter la farine et la levure chimique. Battre les blancs d'œufs en neige ferme puis les incorporer délicatement au mélange. Verser dans un moule à cake beurré et fariné de 20 cm de diamètre et cuire au four préchauffé à 180°C/350°F/thermostat 4 pendant 1 heure, jusqu'à ce qu'un cure-dent inséré au centre en ressorte propre. Laisser refroidir dans le moule.

gâteau à la banane

Pour un gâteau mesurant 23 x 33 cm/9 x 13

4 bananes mûres, écrasées

2 œufs légèrement battus

350 g/12 oz/1½ tasses de sucre cristallisé

120 ml/4 fl oz/½ tasse d'huile

5 ml/1 cuillère à café d'essence de vanille (extrait)

50 g/2 oz/½ tasse de noix mélangées hachées

225 g/8 oz/2 tasses de farine nature (tout usage)

10 ml/2 cuillères à café de bicarbonate de soude (bicarbonate de soude)

5 ml/1 cuillère à café de sel

Mélanger les bananes, les œufs, le sucre, l'huile et la vanille jusqu'à obtenir une consistance crémeuse. Ajouter le reste des ingrédients et mélanger jusqu'à ce que tout soit bien combiné. Verser dans un moule à cake de 23 x 33 cm/9 x 13 pouces et cuire au four préchauffé à 180°C/350°F/thermostat 4 pendant 45 minutes, jusqu'à ce qu'un cure-dent inséré au centre en ressorte propre.

Gâteau croustillant à la banane

Pour un gâteau d'un diamètre de 23 cm/9

100 g/1/2 tasse de beurre ou de margarine molle

300 g/11 oz/1 1/3 tasse de sucre cristallisé

2 œufs légèrement battus

175 g/6 oz/1½ tasse de farine nature (tout usage)

2,5 ml / ½ cuillère à café de sel

1,5 ml/½ cuillère à café de muscade râpée

5 ml/1 cuillère à café de bicarbonate de soude (bicarbonate de soude)

75 ml/5 cuillères à soupe de lait

quelques gouttes d'essence de vanille (extrait)

4 bananes écrasées

Pour la garniture :

50 g/2 oz/¼ tasse de sucre demerara

50 g/2 oz/2 tasses de cornflakes, écrasés

2,5 ml/½ cuillère à café de cannelle moulue

25 g/1 oz/2 cuillères à soupe de beurre ou de margarine

Crémer le beurre ou la margarine avec le sucre jusqu'à consistance légère et mousseuse. Incorporez progressivement les œufs, puis ajoutez la farine, le sel et la muscade. Mélangez le bicarbonate de soude avec le lait et l'essence de vanille et mélangez avec les bananes. Transférer à l'aide d'une cuillère sur une forme carrée (plaque) beurrée et recouverte de papier sulfurisé d'un diamètre de 23 cm.

Pour préparer le glaçage, mélangez le sucre, les cornflakes et la cannelle et incorporez du beurre ou de la margarine. Saupoudrer sur le gâteau et cuire au four préchauffé à

180°C/350°F/thermostat 4 pendant 45 minutes, jusqu'à ce qu'il soit ferme au toucher.

Génoise à la banane

Pour un gâteau d'un diamètre de 23 cm/9

100 g/1/2 tasse de beurre ou de margarine molle

100 g/4 oz/½ tasse de sucre en poudre (très fin).

2 oeufs, battus

2 grosses bananes mûres, écrasées

225 g/8 oz/1 tasse de farine autolevante (autolevante)

45 ml/3 cuillères à soupe de lait

Pour la garniture et le topping :

225 g/8 oz/1 tasse de fromage à la crème

30 ml/2 cuillères à soupe de crème aigre (lait)

100 g de chips de banane séchées

Crémer le beurre ou la margarine avec le sucre jusqu'à consistance légère et mousseuse. Ajoutez progressivement les œufs, puis mélangez avec les bananes et la farine. Incorporer le lait jusqu'à ce que le mélange ait la consistance de gouttes. Verser dans un moule à cake de 23 cm beurré et fariné et cuire au four préchauffé à 180°C/350°F/thermostat 4 pendant environ 30 minutes, jusqu'à ce qu'un cure-dent inséré au centre en ressorte propre. Retirer sur une grille et laisser refroidir, puis couper en deux horizontalement.

Pour faire le glaçage, battez ensemble le fromage à la crème et la crème sure et utilisez la moitié du mélange pour maintenir les deux moitiés du gâteau ensemble. Étalez le reste du mélange dessus et décorez de chips de banane.

Gâteau aux bananes à haute teneur en fibres

Pour un gâteau d'un diamètre de 18 cm

100 g/1/2 tasse de beurre ou de margarine molle

50 g/2 oz/¼ tasse de cassonade molle

2 œufs légèrement battus

100 g/4 oz/1 tasse de farine de blé entier (blé entier).

10 ml / 2 cuillères à café de levure chimique

2 bananes, écrasées

Pour le remplissage:

225g/8oz/1 tasse de fromage cottage (fromage cottage onctueux).

5 ml/1 cuillère à café de jus de citron

15 ml/1 cuillère à soupe de miel léger

1 banane, tranchée

Sucre en poudre (de confiserie), tamisé, à saupoudrer

Crémer le beurre ou la margarine avec le sucre jusqu'à consistance légère et mousseuse. Incorporez progressivement les œufs, puis ajoutez la farine et la levure chimique. Incorporez délicatement les bananes. Versez le mélange dans deux moules de 18 cm/7 beurrés et farinés et enfournez au four préchauffé pendant 30 minutes jusqu'à ce qu'il soit ferme au toucher. Laisser refroidir.

Pour préparer la garniture, fouettez ensemble le fromage à la crème, le jus de citron et le miel et étalez-les sur l'un des gâteaux. Disposez dessus des tranches de banane puis recouvrez avec le deuxième gâteau. Servir saupoudré de sucre en poudre.

Cake banane et citron

Pour un gâteau d'un diamètre de 18 cm

100 g/1/2 tasse de beurre ou de margarine molle

175 g/6 oz/¾ tasse de sucre cristallisé

2 œufs légèrement battus

225 g/8 oz/2 tasses de farine autolevante (autolevante)

2 bananes, écrasées

Pour la garniture et le topping :

75 ml/5 cuillères à soupe de crème de citron

2 bananes, tranchées

45 ml/3 cuillères à soupe de jus de citron

100 g/2/3 tasse de sucre en poudre (confiserie), tamisé

Crémer le beurre ou la margarine avec le sucre jusqu'à consistance légère et mousseuse. Ajoutez progressivement les œufs en battant bien après chaque ajout, puis ajoutez la farine et les bananes. Versez le mélange dans deux moules à pâtisserie de 18 cm/7 beurrés et chemisés et enfournez dans un four préchauffé à 180°C/350°F/thermostat 4 pendant 30 minutes. Retirer et laisser refroidir.

Disposez les biscuits avec la crème au citron et la moitié des tranches de banane. Arrosez les tranches de banane restantes avec 15 ml/1 cuillère à soupe de jus de citron. Mélangez le jus de citron restant avec le sucre en poudre pour créer un glaçage ferme. Étalez le glaçage sur le gâteau et décorez de tranches de banane.

Gâteau au chocolat au mixeur

Pour un gâteau d'un diamètre de 20 cm

225 g/8 oz/2 tasses de farine autolevante (autolevante)

2,5 ml/½ cuillère à café de levure chimique

40 g/3 cuillères à soupe de chocolat à boire en poudre

2 oeufs

60 ml/4 cuillères à soupe de lait

150g/5oz/2/3 tasse de sucre cristallisé

100 g/1/2 tasse de margarine molle

2 bananes mûres, hachées

Mélangez la farine, la levure chimique et le chocolat à boire. Mélangez le reste des ingrédients dans un mélangeur ou un robot culinaire pendant environ 20 secondes – le mélange aura l'air caillé. Verser sur les ingrédients secs et bien mélanger. Verser dans un moule à cake de 20 cm de diamètre beurré et saupoudré de chapelure et enfourner au four préchauffé à 180°C/350°F/thermostat 4 pendant environ 1 heure, jusqu'à ce qu'un cure-dent inséré au centre en ressorte propre. Retirer sur une grille pour refroidir.

Gâteau banane-noix

Donne un gâteau de 900 g/2 lb

275 g/10 oz/2½ tasses de farine nature (tout usage)

225 g/8 oz/1 tasse de sucre cristallisé

100 g/1 tasse de cacahuètes finement hachées

15 ml/1 cuillère à soupe de levure chimique

Pincée de sel

2 œufs, séparés

6 bananes écrasées

Zeste râpé et jus d'1 petit citron

50 g de beurre fondu ou de margarine

Mélanger la farine, le sucre, les noix, la levure chimique et le sel. Battez les jaunes d'œufs et mélangez-les avec les bananes, le zeste et le jus de citron et le beurre ou la margarine. Battre les blancs d'œufs en neige ferme puis les incorporer au mélange. Verser dans un moule (plaque) de 900 g graissé et cuire au four préchauffé à 180°C/350°F/thermostat 4 pendant 1 heure, jusqu'à ce qu'un cure-dent inséré au centre en ressorte propre.

Gâteau universel aux bananes et raisins secs

Donne un gâteau de 900 g/2 lb

450 g de bananes mûres écrasées

50 g/2 oz/½ tasse de noix mélangées hachées

120 ml/4 fl oz/½ tasse d'huile de tournesol

100 g/4 oz/2/3 tasse de raisins secs

75 g/3 oz/¾ tasse de flocons d'avoine

150 g/5 oz/1¼ tasse de farine de blé entier (blé entier).

1,5 ml/¼ cuillère à café d'essence d'amande (extrait)

Pincée de sel

Mélangez tous les ingrédients pour obtenir une masse molle et humide. Verser dans un moule (plaque) de 900 g graissé et tapissé et cuire au four préchauffé à 190°C/375°F/thermostat 5 pendant 1 heure jusqu'à ce qu'il soit doré et qu'un cure-dent inséré au centre en ressorte sec. Laisser refroidir dans le moule pendant 10 minutes avant de retirer.

Gâteau à la banane et au whisky

Pour un gâteau d'un diamètre de 25 cm/10

225 g/8 oz/1 tasse de beurre ou de margarine, ramolli

450 g/1 lb/2 tasse de cassonade molle

3 bananes mûres, écrasées

4 œufs légèrement battus

175 g de noix de pécan hachées grossièrement

225 g/8 oz/11/3 tasse de raisins secs (raisins dorés)

350 g/12 oz/3 tasses de farine nature (tout usage)

15 ml/1 cuillère à soupe de levure chimique

5 ml/1 cuillère à café de cannelle moulue

2,5 ml/½ cuillère à café de gingembre moulu

2,5 ml/½ cuillère à café de muscade râpée

150 ml/¼ pinte/2/3 tasse de whisky

Crémer le beurre ou la margarine avec le sucre jusqu'à consistance légère et mousseuse. Incorporez les bananes, puis ajoutez progressivement les œufs. Mélangez les noix et les raisins secs avec une grande cuillère de farine, puis dans un autre bol, mélangez le reste de la farine avec la levure chimique et les épices. Incorporer la farine à la chantilly en alternance avec le whisky. Incorporer les noix et les raisins secs. Versez le mélange dans un moule à cake non beurré de 25 cm de diamètre et enfournez au four préchauffé à 180°C/350°F/thermostat 4 pendant 1¼ heure, jusqu'à ce qu'il soit élastique au toucher. Laisser refroidir dans le moule pendant 10 minutes avant de démouler sur une grille pour terminer le refroidissement.

Gâteau aux myrtilles

Pour un gâteau d'un diamètre de 23 cm/9

175 g/6 oz/¾ tasse de sucre cristallisé

60 ml / 4 cuillères à soupe d'huile

1 œuf légèrement battu

120 ml/4 fl oz/½ tasse de lait

225 g/8 oz/2 tasses de farine nature (tout usage)

10 ml / 2 cuillères à café de levure chimique

2,5 ml / ½ cuillère à café de sel

225 g de baies

Pour la garniture :

50 g de beurre fondu ou de margarine

100 g/4 oz/½ tasse de sucre en poudre

50 g/2 oz/¼ tasse de farine nature (tout usage)

2,5 ml/½ cuillère à café de cannelle moulue

Fouetter ensemble le sucre, l'huile et l'œuf jusqu'à ce que le mélange soit bien mélangé et de couleur claire. Mélangez le lait avec la farine, la levure chimique et le sel. Mettez les baies. Versez le mélange dans un moule à cake beurré et fariné d'un diamètre de 23 cm/9. Mélangez les ingrédients de la garniture et saupoudrez le tout. Cuire au four préchauffé à 190°C/375°F/thermostat 5 pendant 50 minutes, jusqu'à ce qu'un cure-dent inséré au centre en ressorte propre. Servir chaud.

Pavé Cerise

Donne un gâteau de 900 g/2 lb

175 g/6 oz/¾ tasse de beurre ou de margarine, ramollie

175 g/6 oz/¾ tasse de sucre cristallisé

3 œufs battus

225 g/8 oz/2 tasses de farine nature (tout usage)

2,5 ml/½ cuillère à café de levure chimique

100 g/4 oz/2/3 tasse de raisins secs (raisins dorés)

150 g/5 oz/2/3 tasse de cerises glacées (confites), coupées en quartiers

225 g de cerises fraîches dénoyautées et coupées en deux

30 ml/2 cuillères à soupe de confiture d'abricots (conserve)

Crémer le beurre ou la margarine jusqu'à ce qu'ils soient tendres, puis ajouter le sucre. Mélanger les œufs, puis la farine, la levure chimique, les raisins secs et les cerises glacées. Verser dans un moule à pâtisserie graissé de 900 g et cuire au four préchauffé à 160°C/325°F/thermostat 3 pendant 2h30. Laisser dans le moule pendant 5 minutes, puis retirer sur une grille pour terminer le refroidissement.

Disposez les cerises en rangée sur le dessus du gâteau. Portez à ébullition la confiture d'abricots dans une petite casserole, puis tamisez (égouttez) et étalez-la sur le dessus du gâteau pour bien l'enrober.

Gâteau aux cerises et à la noix de coco

Pour un gâteau d'un diamètre de 20 cm

350 g/12 oz/3 tasses de farine autolevante (autolevante)

175 g/6 oz/¾ tasse de beurre ou de margarine

225 g/8 oz/1 tasse de cerises glacées (confites), coupées en quartiers

100 g / 4 oz / 1 tasse de noix de coco séchée (râpée)

175 g/6 oz/¾ tasse de sucre cristallisé

2 gros œufs, légèrement battus

200 ml/7 oz/petite 1 tasse de lait

Tamisez la farine dans un bol et frottez-la avec du beurre ou de la margarine jusqu'à ce que le mélange ressemble à de la chapelure. Mélangez les cerises dans la noix de coco, puis ajoutez-les au mélange de sucre et mélangez légèrement. Ajoutez les œufs et la majeure partie du lait. Bien battre en ajoutant du lait si nécessaire pour obtenir une consistance moelleuse. Verser dans un moule à cake beurré et pané de 20 cm de diamètre. Cuire au four préchauffé à 180°C/350°F/thermostat 4 pendant 1h30, jusqu'à ce qu'un cure-dent inséré au centre en ressorte propre.

Gâteau Sultana Aux Cerises

Donne un gâteau de 900 g/2 lb

100 g/1/2 tasse de beurre ou de margarine molle

100 g/4 oz/½ tasse de sucre en poudre (très fin).

3 œufs légèrement battus

100 g/1/2 tasse de glaçage (cerises confites).

350 g/12 oz/2 tasses de raisins secs (raisins dorés)

175 g/6 oz/1½ tasse de farine nature (tout usage)

Pincée de sel

Crémer le beurre ou la margarine avec le sucre jusqu'à consistance légère et mousseuse. Ajoutez progressivement les œufs. Mélangez les cerises et les raisins secs dans un peu de farine pour les enrober, puis ajoutez le reste de la farine au mélange de sel. Mélanger avec des cerises et des raisins secs. Versez le mélange dans une plaque à pâtisserie de 900 g graissée et farinée et enfournez dans un four préchauffé à 160°C/325°F/thermostat 3 pendant 1h30, jusqu'à ce qu'un cure-dent inséré au centre en ressorte propre.

Gâteau givré aux cerises et aux noix

Pour un gâteau d'un diamètre de 18 cm

100 g/1/2 tasse de beurre ou de margarine molle

100 g/4 oz/½ tasse de sucre en poudre (très fin).

2 œufs légèrement battus

15 ml/1 cuillère à soupe de miel léger

150 g/5 oz/1¼ tasse de farine autolevante (autolevante)

5 ml/1 cuillère à café de levure chimique

Pincée de sel

À la décoration :

225 g/8 oz/11/3 tasse de sucre en poudre (confiserie), tamisé

30 ml/2 cuillères à soupe d'eau

Quelques gouttes de colorant alimentaire rouge

4 cerises glacées (confites), coupées en deux

4 moitiés de noix

Crémer le beurre ou la margarine avec le sucre jusqu'à consistance légère et mousseuse. Incorporez progressivement les œufs et le miel, puis ajoutez la farine, la levure chimique et le sel. Versez le mélange dans un moule à cake de 18 cm de diamètre beurré et pané et enfournez au four préchauffé à 190°C/thermostat 5 pendant 20 minutes jusqu'à ce qu'il lève bien et durcisse au toucher. Laisser refroidir.

Placez le sucre en poudre dans un bol et ajoutez progressivement suffisamment d'eau pour obtenir un glaçage à tartiner (glaçage). Étalez-en la majeure partie sur le gâteau. Colorez le reste du glaçage avec quelques gouttes de colorant alimentaire, en ajoutant un peu plus de sucre en poudre si le glaçage est trop fin. Napper ou verser un filet de glaçage rouge sur le gâteau pour le diviser en morceaux, puis décorer avec du glaçage aux cerises et des noix.

Gâteau aux prunes

Pour un gâteau d'un diamètre de 20 cm

100 g/1/2 tasse de beurre ou de margarine molle

75g/3oz/1/3 tasse de cassonade molle

2 œufs légèrement battus

225 g/8 oz/2 tasses de farine autolevante (autolevante)

450 g de prunes épépinées (sans pépins) et coupées en deux

50 g/2 oz/½ tasse de noix mélangées hachées.

Crémer le beurre ou la margarine avec le sucre jusqu'à consistance légère et mousseuse, puis ajouter progressivement les œufs en battant bien après chaque ajout. Incorporer la farine et les prunes. Versez le mélange dans un moule à cake de 20 cm de diamètre beurré et saupoudré de chapelure et saupoudrez de noix. Cuire au four préchauffé à 190°C/375°F/gaz 5 pendant 45 minutes, jusqu'à ce qu'il soit ferme au toucher. Laisser refroidir dans le moule pendant 10 minutes avant de démouler sur une grille pour terminer le refroidissement.

Gâteau aux dattes et aux noix

Pour un gâteau d'un diamètre de 23 cm/9

300 ml/½ pt/1¼ tasse d'eau bouillante

225 g de dattes dénoyautées (épépinées) et hachées

5 ml/1 cuillère à café de bicarbonate de soude (bicarbonate de soude)

75 g/3 oz/1/3 tasse de beurre ou de margarine, ramollie

225 g/8 oz/1 tasse de sucre cristallisé

1 œuf battu

275 g/10 oz/2½ tasses de farine nature (tout usage)

Pincée de sel

2,5 ml/½ cuillère à café de levure chimique

50 g/2 oz/½ tasse de noix, hachées

Pour la garniture :

50 g/2 oz/¼ tasse de cassonade molle

25 g/1 oz/2 cuillères à soupe de beurre ou de margarine

30 ml/2 cuillères à soupe de lait

Quelques moitiés de noix pour la décoration

Mettez l'eau, les dattes et le bicarbonate de soude dans un bol et laissez reposer 5 minutes. Crémer le beurre ou la margarine avec le sucre jusqu'à ce qu'ils soient tendres, puis mélanger l'œuf, l'eau et les dattes. Mélanger la farine, le sel et la levure chimique, puis incorporer les noix. Verser dans un moule à pâtisserie de 23 cm de diamètre beurré et saupoudré de chapelure et cuire au four préchauffé à 180°C/350°F/thermostat 4 pendant 1 heure jusqu'à ce que le mélange soit pris. Laisser refroidir sur une grille.

Pour faire le glaçage, mélanger le sucre, le beurre et le lait jusqu'à consistance lisse. Verser sur le gâteau et décorer de moitiés de noix.

gâteau au citron

Pour un gâteau d'un diamètre de 20 cm

175 g/6 oz/¾ tasse de beurre ou de margarine, ramollie

175 g/6 oz/¾ tasse de sucre cristallisé

2 oeufs, battus

225 g/8 oz/2 tasses de farine autolevante (autolevante)

Jus et zeste râpé d'1 citron

60 ml/4 cuillères à soupe de lait

Battre ensemble le beurre ou la margarine avec 100 g/1/2 tasse de sucre. Ajoutez les œufs petit à petit, puis ajoutez la farine et le zeste de citron râpé. Incorporer suffisamment de lait pour obtenir une consistance molle. Versez le mélange dans un moule de 20 cm de diamètre graissé et saupoudré de chapelure et enfournez au four préchauffé à 180°C/350°F/thermostat 4 pendant 1 heure jusqu'à ce qu'il lève et devienne doré. Dissoudre le sucre restant dans le jus de citron. Piquez le gâteau chaud avec une fourchette et versez le jus dessus. Laisser refroidir.

gâteau aux amandes et à l'orange

Pour un gâteau d'un diamètre de 20 cm

4 œufs, séparés

100 g/4 oz/½ tasse de sucre en poudre (très fin).

Le zeste râpé d'une orange

50 g/2 oz/½ tasse d'amandes, finement hachées

50 g d'amandes moulues

Pour le sirop :

100 g/4 oz/½ tasse de sucre en poudre (très fin).

300 ml/½ pt/1¼ tasse de jus d'orange

15 ml/1 cuillère à soupe de liqueur d'orange (facultatif)

1 bâton de cannelle

Incorporer les jaunes d'œufs, le sucre, le zeste d'orange, les amandes et la poudre d'amandes. Battez les blancs d'œufs en neige ferme puis ajoutez-les au mélange. Verser dans un moule à gâteau à fond meuble de 20 cm (plaque) graissé et fariné et cuire au four préchauffé à 180°C/350°F/thermostat 4 pendant 45 minutes, jusqu'à ce qu'il soit ferme au toucher. Piquez le tout avec un cure-dent et laissez refroidir.

Pendant ce temps, dissolvez le sucre dans le jus d'orange et la liqueur éventuelle, à feu doux avec le bâton de cannelle en remuant de temps en temps. Porter à ébullition et cuire jusqu'à réduction en un sirop fin. Jetez la cannelle. Versez le sirop tiède sur le gâteau et laissez absorber.

Gâteau à l'avoine

Donne un gâteau de 900 g/2 lb

100 g/1 tasse de flocons d'avoine

300 ml/½ pt/1¼ tasse d'eau bouillante

100 g/1/2 tasse de beurre ou de margarine molle

225 g/8 oz/1 tasse de cassonade molle

225 g/8 oz/1 tasse de sucre cristallisé

2 œufs légèrement battus

175 g/6 oz/1½ tasse de farine nature (tout usage)

10 ml / 2 cuillères à café de levure chimique

5 ml/1 cuillère à café de bicarbonate de soude (bicarbonate de soude)

5 ml/1 cuillère à café de cannelle moulue

Faire tremper les flocons d'avoine dans l'eau bouillante. Crémer le beurre ou la margarine et le sucre jusqu'à consistance légère et mousseuse. Incorporez progressivement les œufs, puis ajoutez la farine, la levure chimique, le bicarbonate de soude et la cannelle. Enfin, ajoutez le mélange de flocons d'avoine et mélangez jusqu'à ce que le tout soit bien mélangé. Verser dans un moule (plaque) beurré et pané de 900 g et cuire au four préchauffé à 180°C/350°F/thermostat 4 pendant environ 1 heure, jusqu'à ce qu'il soit ferme au toucher.

Gâteau glacé épicé à la mandarine

Pour un gâteau d'un diamètre de 20 cm

175 g/6 oz/3/4 tasse de margarine molle

250g / 9oz / généreuse 1 tasse de sucre en poudre (très fin).

225 g/8 oz/2 tasses de farine autolevante (autolevante)

5 ml/1 cuillère à café de levure chimique

3 oeufs

Râper finement le zeste et le jus d'une petite orange

300 g/11 oz/1 boîte moyenne de mandarines, bien égouttées

Râper finement le zeste et le jus d'1/2 citron

Mélanger la margarine, 175 g/3/4 tasse de sucre, la farine, la levure chimique, les œufs, le zeste et le jus d'orange dans un robot culinaire ou battre au batteur électrique jusqu'à consistance lisse. Hachez grossièrement les mandarines et mélangez. Versez le mélange dans un moule à cake beurré et pané d'un diamètre de 20 cm. Lissez la surface. Cuire au four préchauffé à 180°C/350°F/thermostat 4 pendant 1 heure et 10 minutes ou jusqu'à ce qu'un cure-dent inséré au centre en ressorte propre. Laisser refroidir 5 minutes, puis démouler et placer sur une grille. Pendant ce temps, mélangez le sucre restant avec le zeste et le jus de citron pour obtenir une pâte. Étalez dessus et laissez refroidir.

Gâteau à l'orange

Pour un gâteau d'un diamètre de 20 cm

175 g/6 oz/¾ tasse de beurre ou de margarine, ramollie

175 g/6 oz/¾ tasse de sucre cristallisé

2 oeufs, battus

225 g/8 oz/2 tasses de farine autolevante (autolevante)

Jus et zeste râpé d'1 orange

60 ml/4 cuillères à soupe de lait

Battre ensemble le beurre ou la margarine avec 100 g/1/2 tasse de sucre. Ajoutez les œufs petit à petit, puis ajoutez la farine et le zeste d'orange râpé. Incorporer suffisamment de lait pour obtenir une consistance molle. Versez le mélange dans un moule de 20 cm de diamètre graissé et saupoudré de chapelure et enfournez au four préchauffé à 180°C/350°F/thermostat 4 pendant 1 heure jusqu'à ce qu'il lève et devienne doré. Dissoudre le sucre restant dans le jus d'orange. Piquez le gâteau chaud avec une fourchette et versez le jus dessus. Laisser refroidir.

Gateau aux pêches

Pour un gâteau d'un diamètre de 23 cm/9

100 g/1/2 tasse de beurre ou de margarine molle

225 g/8 oz/1 tasse de sucre cristallisé

3 œufs, séparés

450 g/1 lb/4 tasse de farine nature (tout usage)

Pincée de sel

5 ml/1 cuillère à café de bicarbonate de soude (bicarbonate de soude)

120 ml/4 fl oz/½ tasse de lait

225 g/2/3 tasse de confiture de pêches (en conserve)

Crémer le beurre ou la margarine avec le sucre. Incorporez progressivement les jaunes, puis ajoutez la farine et le sel. Mélangez le bicarbonate de soude avec le lait, puis incorporez-le à la pâte puis à la confiture. Battre les blancs d'œufs en neige ferme puis les incorporer au mélange. Verser dans deux moules à pâtisserie graissés et chemisés d'un diamètre de 23 cm/9 (plaque) et cuire au four préchauffé à 180°C/350°F/thermostat 4 pendant 25 minutes, jusqu'à ce qu'ils lèvent bien et soient élastiques à la consistance. touche.

Gâteau à l'orange et au marsala

Pour un gâteau d'un diamètre de 23 cm/9

175 g/6 oz/1 tasse de raisins secs (raisins dorés)

120 ml/4 fl oz/½ tasse de Marsala

175 g/6 oz/¾ tasse de beurre ou de margarine, ramollie

100 g/4 oz/½ tasse de cassonade molle

225 g/8 oz/1 tasse de sucre cristallisé

3 œufs légèrement battus

Le zeste finement râpé d'une orange

5 ml/1 cuillère à café d'eau de fleur d'oranger

275 g/10 oz/2½ tasses de farine nature (tout usage)

10 ml/2 cuillères à café de bicarbonate de soude (bicarbonate de soude)

Pincée de sel

375 ml/13 oz/1½ tasse de babeurre

Glaçage à la liqueur d'orange

Faites tremper les raisins secs dans Marsala pendant la nuit. Crémer le beurre ou la margarine et le sucre jusqu'à consistance légère et mousseuse. Incorporez progressivement les œufs, puis ajoutez le zeste d'orange et l'eau de fleur d'oranger. Ajouter la farine, le bicarbonate de soude et le sel en alternant avec le babeurre. Ajouter les raisins secs trempés et le Marsala. Verser dans deux moules à pâtisserie graissés et tapissés d'un diamètre de 23 cm/9 (plaques) et cuire au four préchauffé à 180°C/350°F/thermostat 4 pendant 35 minutes, jusqu'à ce qu'ils soient élastiques au toucher et commencent pour se détacher des côtés des canettes. Laisser refroidir dans les moules pendant 10 minutes avant de transférer sur une grille pour terminer le refroidissement.

Disposez les biscuits avec la moitié du glaçage à la liqueur d'orange, puis étalez le reste du glaçage dessus.

Gâteau aux pêches et poires

Pour un gâteau d'un diamètre de 23 cm/9

175 g/6 oz/¾ tasse de beurre ou de margarine, ramollie

150g/5oz/2/3 tasse de sucre cristallisé

2 œufs légèrement battus

75 g/3 oz/¾ tasse de farine de blé entier (blé entier).

75 g/3 oz/¾ tasse de farine nature (tout usage)

10 ml / 2 cuillères à café de levure chimique

15 ml/1 cuillère à soupe de lait

2 pêches dénoyautées, pelées et hachées

2 poires pelées, évidées et hachées

30 ml/2 cuillères à soupe de sucre en poudre (confiserie), tamisé

Crémer le beurre ou la margarine avec le sucre jusqu'à consistance légère et mousseuse. Incorporez progressivement les œufs, puis ajoutez la farine et la levure chimique, en ajoutant le lait pour obtenir une consistance fine. Disposez les pêches et les poires. Versez le mélange dans un moule à cake de 23 cm de diamètre beurré et saupoudré de chapelure et enfournez au four préchauffé à 190°C/thermostat 5 pendant 1 heure jusqu'à ce qu'il lève bien et soit élastique au toucher. Laisser refroidir dans le moule pendant 10 minutes avant de démouler sur une grille pour terminer le refroidissement. Saupoudrer de sucre en poudre avant de servir.

Gâteau moelleux à l'ananas

Pour un gâteau d'un diamètre de 20 cm

100 g de beurre ou de margarine

350 g/12 oz/2 tasses de fruits secs mélangés (mélange à gâteau aux fruits)

225 g/8 oz/1 tasse de cassonade molle

5 ml/1 cuillère à café de mélange d'épices moulues (cidre).

5 ml/1 cuillère à café de bicarbonate de soude (bicarbonate de soude)

425 g/15 oz/1 grande boîte d'ananas écrasé, non sucré, égoutté

225 g/8 oz/2 tasses de farine autolevante (autolevante)

2 oeufs, battus

Mettez tous les ingrédients sauf la farine et les œufs dans une casserole et portez doucement à ébullition en remuant bien. Cuire uniformément pendant 3 minutes, puis laisser le mélange refroidir complètement. Ajoutez la farine puis ajoutez progressivement les œufs. Versez le mélange dans un moule à cake de 20 cm de diamètre beurré et saupoudré de chapelure et enfournez au four préchauffé à 180°C/350°F/thermostat 4 pendant 1½-1¾ heures jusqu'à ce qu'il lève bien et durcisse au toucher. Laisser refroidir dans le moule.

Gâteau à l'ananas et aux cerises

Pour un gâteau d'un diamètre de 20 cm

100 g/1/2 tasse de beurre ou de margarine molle

100 g/4 oz/1 tasse de sucre cristallisé

2 oeufs, battus

225 g/8 oz/2 tasses de farine autolevante (autolevante)

2,5 ml/½ cuillère à café de levure chimique

2,5 ml/½ cuillère à café de cannelle moulue

175 g/6 oz/1 tasse de raisins secs (raisins dorés)

25 g/2 cuillères à soupe de cerises glacées

400 g/14 oz/1 grosse boîte d'ananas, égoutté et haché

30 ml/2 cuillères à soupe de cognac ou de rhum

Sucre en poudre (de confiserie), tamisé, à saupoudrer

Crémer le beurre ou la margarine avec le sucre jusqu'à consistance légère et mousseuse. Incorporez progressivement les œufs, puis ajoutez la farine, la levure chimique et la cannelle. Mélangez délicatement le reste des ingrédients. Versez le mélange dans un moule à cake de 20 cm de diamètre beurré et saupoudré de chapelure et enfournez au four préchauffé à 160°C/325°F/thermostat 3 pendant 1h30, jusqu'à ce qu'un cure-dent inséré au centre en ressorte propre. Laisser refroidir puis servir saupoudré de sucre glace.

Gâteau Natal à l'Ananas

Pour un gâteau d'un diamètre de 23 cm/9

50 g de beurre ou de margarine

100 g/4 oz/½ tasse de sucre en poudre (très fin).

1 œuf légèrement battu

150 g/5 oz/1¼ tasse de farine autolevante (autolevante)

Pincée de sel

120 ml/4 fl oz/½ tasse de lait

Pour la garniture :

100 g d'ananas frais ou en conserve, râpé grossièrement

1 pomme comestible (de dessert), pelée, épépinée et grossièrement râpée

120 ml/4 fl oz/½ tasse de jus d'orange

15 ml/1 cuillère à soupe de jus de citron

100 g/4 oz/½ tasse de sucre en poudre (très fin).

5 ml/1 cuillère à café de cannelle moulue

Faire fondre le beurre ou la margarine, puis battre le sucre et l'œuf jusqu'à ce qu'ils soient mousseux. Mélanger alternativement la farine et le sel avec le lait pour pétrir la pâte. Verser dans un moule à pâtisscrie graissé et pané (23 cm de diamètre) et cuire au four préchauffé à 180°C/350°F/thermostat 4 pendant 25 minutes jusqu'à ce qu'il soit doré et souple.

Portez à ébullition tous les ingrédients du glaçage puis laissez mijoter 10 minutes. Placer une cuillère sur la pâte tiède et faire griller (faire frire) jusqu'à ce que l'ananas commence à dorer. Refroidir avant de servir tiède ou froid.

Ananas à l'envers

Pour un gâteau d'un diamètre de 20 cm

175 g/6 oz/¾ tasse de beurre ou de margarine, ramollie

175 g/6 oz/¾ tasse de cassonade molle

400 g/14 oz/1 grande boîte de tranches d'ananas, égouttées et conservant le jus

4 cerises glacées (confites), coupées en deux

2 oeufs

100 g/4 oz/1 tasse de farine autolevante (autolevante)

Broyer 75 g/1/3 tasse de beurre ou de margarine avec 75 g/1/3 tasse de sucre jusqu'à consistance légère et mousseuse et étaler au fond d'un moule à gâteau graissé d'un diamètre de 20 cm (moule). Disposez dessus les tranches d'ananas et parsemez-les de cerises, côté arrondi vers le bas. Crémer le reste du beurre ou de la margarine avec le sucre, puis ajouter progressivement les œufs. Ajouter la farine et 30 ml/2 cuillères à soupe du jus d'ananas réservé. Verser sur l'ananas et cuire au four préchauffé à 180°C/350°F/thermostat 4 pendant 45 minutes, jusqu'à ce qu'il soit ferme au toucher. Laisser refroidir dans le moule pendant 5 minutes, puis retirer délicatement du moule et retourner sur une grille pour refroidir.

Gâteau à l'ananas et aux noix

Pour un gâteau d'un diamètre de 23 cm/9

225 g/8 oz/1 tasse de beurre ou de margarine, ramolli

225 g/8 oz/1 tasse de sucre cristallisé

5 oeufs

350 g/12 oz/3 tasses de farine nature (tout usage)

100 g/1 tasse de noix, hachées grossièrement

100 g/2/3 tasse de glaçage à l'ananas (confit), haché

Un peu de lait

Crémer le beurre ou la margarine avec le sucre jusqu'à consistance légère et mousseuse. Incorporez progressivement les œufs, puis ajoutez la farine, les noix et l'ananas en ajoutant suffisamment de lait pour obtenir une consistance fine. Verser dans un moule à cake beurré et pané d'un diamètre de 23 cm/9 (plaque) et cuire au four préchauffé à 150°C/300°F/thermostat 2 pendant 1h30, jusqu'à ce qu'un cure-dent inséré au centre en ressorte. faire le ménage.

Gâteau aux framboises

Pour un gâteau d'un diamètre de 20 cm

100 g/1/2 tasse de beurre ou de margarine molle

200g/7oz/fin 1 tasse de sucre en poudre (très fin).

2 œufs légèrement battus

250 ml/8 fl oz/1 tasse de crème aigre (lait)

5 ml/1 cuillère à café d'essence de vanille (extrait)

250 g/9 oz/2¼ tasses de farine nature (tout usage)

5 ml/1 cuillère à café de levure chimique

5 ml/1 cuillère à café de bicarbonate de soude (bicarbonate de soude)

5 ml/1 cuillère à café de poudre de cacao (chocolat non sucré)

2,5 ml / ½ cuillère à café de sel

100 g de framboises fraîches ou décongelées surgelées

Pour la garniture :

30 ml/2 cuillères à soupe de sucre fin

5 ml/1 cuillère à café de cannelle moulue

Crémer le beurre ou la margarine avec le sucre. Ajoutez progressivement les œufs, puis la crème et l'essence de vanille. Ajouter la farine, la levure chimique, le bicarbonate de soude, le cacao et le sel. Mettez les framboises. Versez le mélange dans un moule à cake beurré de 20 cm de diamètre. Mélangez le sucre avec la cannelle et saupoudrez sur le gâteau. Cuire au four préchauffé à 200°C/400°F/thermostat 4 pendant 35 minutes, jusqu'à ce qu'ils soient dorés et qu'un cure-dent en ressorte propre. Saupoudrer de sucre mélangé à de la cannelle.

Gâteau à la rhubarbe

Pour un gâteau d'un diamètre de 20 cm

225 g/8 oz/2 tasses de farine de blé entier (blé entier).

10 ml / 2 cuillères à café de levure chimique

10 ml/2 cuillères à café de cannelle moulue

45 ml/3 cuillères à soupe de miel léger

175 g/6 oz/1 tasse de raisins secs (raisins dorés)

2 oeufs

150 ml/¼ pt./2/3 tasse de lait

225 g de rhubarbe hachée

30 ml/2 cuillères à soupe de sucre demerara

Mélangez tous les ingrédients sauf la rhubarbe et le sucre. Mélangez la rhubarbe et versez-la dans un moule à cake de 20 cm de diamètre beurré et fariné. Saupoudrer de sucre. Cuire au four préchauffé à 180°C/350°F/thermostat 4 pendant 45 minutes jusqu'à ce que le mélange soit pris. Laisser refroidir dans le moule 10 minutes avant de démouler.

Gâteau à la rhubarbe et au miel

Recette pour deux gâteaux de 450 g/1 lb

250g/9oz/2/3 tasse de miel pur

120 ml/4 fl oz/½ tasse d'huile

1 œuf légèrement battu

15 ml/1 cuillère à soupe de bicarbonate de soude (bicarbonate de soude)

150 ml/¼ partie/2/3 tasse de yaourt nature

75 ml/5 cuillères à soupe d'eau

350 g/12 oz/3 tasses de farine nature (tout usage)

10 ml/2 cuillères à café de sel

350 g de rhubarbe finement hachée

5 ml/1 cuillère à café d'essence de vanille (extrait)

50 g/2 oz/½ tasse de noix mélangées hachées

Pour la garniture :
75g/3oz/1/3 tasse de cassonade molle

5 ml/1 cuillère à café de cannelle moulue

15 ml/1 cuillère à soupe de beurre fondu ou de margarine

Mélangez le miel et l'huile, puis ajoutez l'œuf. Mélangez le bicarbonate de soude avec du yaourt et de l'eau jusqu'à dissolution. Mélangez la farine avec le sel et ajoutez-la au mélange de miel en alternance avec le yaourt. Ajouter la rhubarbe, l'essence de vanille et les noix. Verser dans deux moules à cake (moules) beurrés et chemisés d'une contenance de 450 g. Mélanger les ingrédients du glaçage et saupoudrer sur les gâteaux. Cuire au four préchauffé à 160°C/325°F/thermostat 3 pendant 1 heure, jusqu'à ce qu'il soit ferme au toucher et doré sur le dessus. Laisser refroidir dans les moules pendant 10 minutes, puis transférer sur une grille pour terminer le refroidissement.

Gâteau à la betterave

Pour un gâteau d'un diamètre de 20 cm

250 g/9 oz/1¼ tasse de farine nature (tout usage)

15 ml/1 cuillère à soupe de levure chimique

5 ml/1 cuillère à café de cannelle moulue

Pincée de sel

150 ml/8 fl oz/1 tasse d'huile

300 g/11 oz/11/3 tasse de sucre cristallisé

3 œufs, séparés

150 g de betterave crue, pelée et grossièrement râpée

150 g de carottes grossièrement râpées

100 g/1 tasse de noix mélangées hachées

Mélangez la farine avec la levure chimique, la cannelle et le sel. Incorporer l'huile et le sucre. Ajoutez les jaunes, les betteraves, les carottes et les noix. Battez les blancs d'œufs en neige ferme puis mélangez-les au mélange avec une cuillère en métal. Versez le mélange dans un moule à cake de 20 cm beurré et fariné et enfournez au four préchauffé à 180°C/350°F/thermostat 4 pendant 1 heure, jusqu'à ce qu'il soit élastique au toucher.

Gâteau aux carottes et à la banane

Pour un gâteau d'un diamètre de 20 cm

175 g de carotte râpée

2 bananes, écrasées

75 g/3 oz/½ tasse de raisins secs (raisins dorés)

50 g/2 oz/½ tasse de noix mélangées hachées

175 g/6 oz/1½ tasse de farine autolevante (autolevante)

5 ml/1 cuillère à café de levure chimique

5 ml/1 cuillère à café de mélange d'épices moulues (cidre).

Jus et zeste râpé d'1 orange

2 oeufs, battus

75 g/3 oz/1/2 tasse de sucre muscovado léger

100 ml/31/2 onces/moins de 1/2 tasse d'huile de tournesol

Mélanger tous les ingrédients jusqu'à ce que le tout soit bien mélangé. Verser dans un moule (plaque) beurré et pané de 20 cm de diamètre et cuire au four préchauffé à 180°C/350°F/thermostat 4 pendant 1 heure jusqu'à ce qu'un cure-dent inséré au centre en ressorte propre.

Gâteau aux carottes et aux pommes

Pour un gâteau d'un diamètre de 23 cm/9

250 g/9 oz/2¼ tasses de farine autolevante (autolevante)

5 ml/1 cuillère à café de bicarbonate de soude (bicarbonate de soude)

5 ml/1 cuillère à café de cannelle moulue

175 g/6 oz/¾ tasse de cassonade molle

Le zeste finement râpé d'une orange

3 oeufs

200 ml/7 oz/légère 1 tasse d'huile

150 g de pommes (dessert), pelées, évidées et râpées

150 g de carottes râpées

100 g/2/3 tasse d'abricots secs prêts à manger, hachés

100 g/1 tasse de noix de pécan ou de noix, hachées

Mélangez la farine, le bicarbonate de soude et la cannelle, puis ajoutez le sucre et le zeste d'orange. Cassez les œufs dans l'huile, puis ajoutez la pomme, la carotte et les deux tiers des abricots et des noix. Incorporer la farine et verser dans un moule à cake de 23 cm de diamètre recouvert de papier sulfurisé. Saupoudrer du reste des abricots et des noix hachés. Cuire au four préchauffé à 180°C/350°F/thermostat 4 pendant 30 minutes, jusqu'à ce qu'il soit élastique au toucher. Laisser refroidir légèrement dans le moule, puis retirer sur une grille pour terminer le refroidissement.

Gâteau aux carottes et à la cannelle

Pour un gâteau d'un diamètre de 20 cm

100 g/4 oz/1 tasse de farine de blé entier (blé entier).

100 g / 4 oz / 1 tasse de farine nature (tout usage)

15 ml/1 cuillère à soupe de cannelle moulue

5 ml/1 cuillère à café de muscade râpée

10 ml / 2 cuillères à café de levure chimique

100 g de beurre ou de margarine

100 g/1/3 tasse de miel pur

100 g/4 oz/½ tasse de cassonade molle

225 g de carottes râpées

Mélanger la farine, la cannelle, la muscade et la levure chimique dans un bol. Faire fondre le beurre ou la margarine avec le miel et le sucre, puis mélanger avec la farine. Incorporer les carottes et bien mélanger. Verser dans un moule (plaque) beurré et pané de 20 cm de diamètre et cuire au four préchauffé à 160°C/325°F/thermostat 3 pendant 1 heure, jusqu'à ce qu'un cure-dent inséré au centre en ressorte propre. Laisser refroidir dans le moule pendant 10 minutes, puis transférer sur une grille pour terminer le refroidissement.

Gâteau Aux Carottes Et Aux Courgettes

Pour un gâteau d'un diamètre de 23 cm/9

2 oeufs

175 g/6 oz/¾ tasse de cassonade molle

100 g de carottes râpées

50 g de courgettes râpées (courgettes).

75 ml/5 cuillères à soupe d'huile

225 g/8 oz/2 tasses de farine autolevante (autolevante)

2,5 ml/½ cuillère à café de levure chimique

5 ml/1 cuillère à café de mélange d'épices moulues (cidre).

glaçage pour gâteau au fromage à la crème

Mélanger les œufs, le sucre, les carottes, les courgettes et l'huile. Ajouter la farine, la levure chimique et le mélange d'épices et mélanger jusqu'à consistance lisse. Verser dans une plaque à pâtisserie graissée et farinée de 23 cm de diamètre et cuire au four préchauffé à 180°C/350°F/thermostat 4 pendant 30 minutes jusqu'à ce qu'un cure-dent inséré au centre en ressorte propre. Laisser refroidir, puis tartiner de glaçage au fromage à la crème.

Gâteau aux carottes et au gingembre

Pour un gâteau d'un diamètre de 20 cm

175g/6oz/2/3 tasse de beurre ou de margarine

100 g/1/3 tasse de doré (sirop de maïs léger).

120 ml/4 fl oz/½ tasse d'eau

100 g/4 oz/½ tasse de cassonade molle

150 g de carottes grossièrement râpées

5 ml/1 cuillère à café de bicarbonate de soude (bicarbonate de soude)

200 g/7 oz/1¾ tasse de farine nature (tout usage)

100 g/4 oz/1 tasse de farine autolevante (autolevante)

5 ml/1 cuillère à café de gingembre moulu

Pincée de sel

Pour le glaçage (glaçage) :

175 g/6 oz/1 tasse de sucre en poudre (confiserie), tamisé

5 ml/1 cuillère à café de beurre ou de margarine ramollie

30 ml/2 cuillères à soupe de jus de citron

Faire fondre le beurre ou la margarine avec le sirop, l'eau et le sucre, puis porter à ébullition. Retirer du feu et incorporer les carottes et le bicarbonate de soude. Laisser refroidir. Mélanger la farine, le gingembre et le sel, verser dans un moule à charnière graissé de 20 cm et cuire au four préchauffé à 180°C/350°F/thermostat 4 pendant 45 minutes, jusqu'à ce qu'il soit bien levé et élastique. touche. Retirer et laisser refroidir.

Mélangez le sucre en poudre avec du beurre ou de la margarine et suffisamment de jus de citron pour créer un glaçage à tartiner. Coupez le gâteau en deux horizontalement, puis utilisez la moitié du glaçage pour assembler le gâteau et pochez ou étalez le reste dessus.

Gâteau aux carottes et aux noix

Pour un gâteau d'un diamètre de 18 cm

2 gros œufs, séparés

150g/5oz/2/3 tasse de sucre cristallisé

225 g de carottes râpées

150 g/5 oz/1¼ tasse de noix mélangées hachées

10 ml/2 cuillères à café de zeste de citron râpé

50 g/2 oz/½ tasse de farine nature (tout usage)

2,5 ml/½ cuillère à café de levure chimique

Battre les jaunes d'œufs et le sucre jusqu'à obtenir une consistance épaisse et crémeuse. Ajoutez les carottes, les noix et le zeste de citron, puis ajoutez la farine et la levure chimique. Battre les blancs d'œufs en neige ferme puis les incorporer au mélange. Verser dans un moule à cake carré beurré de 19 cm de diamètre (forme). Cuire au four préchauffé à 180°C/350°F/thermostat 4 pendant 40-45 minutes, jusqu'à ce qu'un cure-dent inséré au centre en ressorte propre.

Gâteau aux carottes, à l'orange et aux noix

Pour un gâteau d'un diamètre de 20 cm

100 g/1/2 tasse de beurre ou de margarine molle

100 g/4 oz/½ tasse de cassonade molle

5 ml/1 cuillère à café de cannelle moulue

5 ml/1 cuillère à café de zeste d'orange râpé

2 œufs légèrement battus

15 ml/1 cuillère à soupe de jus d'orange

100 g de carottes finement râpées

50 g/2 oz/½ tasse de noix mélangées hachées

225 g/8 oz/2 tasses de farine autolevante (autolevante)

5 ml/1 cuillère à café de levure chimique

Mélangez le beurre ou la margarine, le sucre, la cannelle et le zeste d'orange jusqu'à obtenir une consistance légère et mousseuse. Incorporez progressivement les œufs et le jus d'orange, puis ajoutez les carottes, les noix, la farine et la levure chimique. Verser dans un moule à pâtisserie graissé et pané (20 cm de diamètre) et cuire au four préchauffé à 180°C/350°F/thermostat 4 pendant 45 minutes, jusqu'à ce qu'il soit élastique au toucher.

Gâteau aux carottes, ananas et noix de coco

Pour un gâteau d'un diamètre de 25 cm/10

3 oeufs

350 g/12 oz/1½ tasses de sucre cristallisé

300 ml/½ pt/1¼ tasse d'huile

5 ml/1 cuillère à café d'essence de vanille (extrait)

225 g/8 oz/2 tasses de farine nature (tout usage)

5 ml/1 cuillère à café de bicarbonate de soude (bicarbonate de soude)

10 ml/2 cuillères à café de cannelle moulue

5 ml/1 cuillère à café de sel

225 g de carottes râpées

100 g d'ananas en conserve, égoutté et écrasé

100 g / 4 oz / 1 tasse de noix de coco séchée (râpée)

100 g/1 tasse de noix mélangées hachées

Sucre en poudre (de confiserie), tamisé, à saupoudrer

Battre les œufs, le sucre, l'huile et l'essence de vanille. Mélangez la farine, le bicarbonate de soude, la cannelle et le sel et ajoutez progressivement au mélange. Ajouter les carottes, l'ananas, la noix de coco et les noix. Verser dans un moule à cake de 25 cm/10 de diamètre graissé et fariné et cuire au four préchauffé à 160°C/325°F/thermostat 3 pendant 1¼ heure, jusqu'à ce qu'un cure-dent inséré au centre en ressorte propre. Laisser refroidir dans le moule pendant 10 minutes avant de démouler sur une grille pour terminer le refroidissement. Saupoudrer de sucre en poudre avant de servir.

Gâteau aux carottes et aux pistaches

Pour un gâteau d'un diamètre de 23 cm/9

100 g/1/2 tasse de beurre ou de margarine molle

100 g/4 oz/½ tasse de sucre en poudre (très fin).

2 oeufs

225 g/8 oz/2 tasses de farine nature (tout usage)

5 ml/1 cuillère à café de bicarbonate de soude (bicarbonate de soude)

5 ml/1 cuillère à café de cardamome moulue

225 g de carottes râpées

50 g/½ tasse de pistaches hachées

50 g d'amandes moulues

100 g/4 oz/2/3 tasse de raisins secs (raisins dorés)

Crémer le beurre ou la margarine avec le sucre jusqu'à consistance légère et mousseuse. Ajoutez progressivement les œufs en battant bien après chaque ajout, puis ajoutez la farine, le bicarbonate de soude et la cardamome. Incorporer les carottes, les noix, la poudre d'amandes et les raisins secs. Versez le mélange dans un moule à pâtisserie de 23 cm de diamètre beurré et saupoudré et enfournez au four préchauffé à 180°C/350°F/thermostat 4 pendant 40 minutes jusqu'à ce qu'il lève bien, doré et élastique au toucher.

Gâteau aux carottes et aux noix

Pour un gâteau d'un diamètre de 23 cm/9

200 ml/7 oz/légère 1 tasse d'huile

4 œufs

225g/8oz/2/3 tasse de miel pur

225 g/8 oz/2 tasses de farine de blé entier (blé entier).

10 ml / 2 cuillères à café de levure chimique

2,5 ml/½ cuillère à café de bicarbonate de soude (bicarbonate de soude)

Pincée de sel

5 ml/1 cuillère à café d'essence de vanille (extrait)

175 g de carottes grossièrement râpées

175g/6oz/1 tasse de raisins secs

100 g/1 tasse de noix, finement hachées

Mélanger l'huile, les œufs et le miel. Incorporer progressivement tous les ingrédients restants et battre jusqu'à ce que le tout soit bien mélangé. Verser dans un moule à cake (plaque) de 23 cm de diamètre beurré et fariné et cuire au four préchauffé à 180°C/350°F/thermostat 4 pendant 1 heure, jusqu'à ce qu'un cure-dent inséré au centre en ressorte propre.

Gâteau aux carottes épicé

Pour un gâteau d'un diamètre de 18 cm

175g/6oz/1 tasse de dattes

120 ml/4 fl oz/½ tasse d'eau

175 g/6 oz/¾ tasse de beurre ou de margarine, ramollie

2 œufs légèrement battus

225 g/8 oz/2 tasses de farine autolevante (autolevante)

175 g de carottes finement râpées

25 g/1 oz/¼ tasse d'amandes moulues

Le zeste râpé d'une orange

2,5 ml / ½ cuillère à café de mélange d'épices moulues (tarte aux pommes).

2,5 ml/½ cuillère à café de cannelle moulue

2,5 ml/½ cuillère à café de gingembre moulu

                    Pour le glaçage (glaçage) :
350 g/12 oz/1½ tasse de fromage cottage

25 g/1 oz/2 cuillères à soupe de beurre ou de margarine, ramolli

Le zeste râpé d'une orange

Mettez les dattes et l'eau dans une petite casserole, portez à ébullition, puis laissez mijoter 10 minutes jusqu'à ce qu'elles soient tendres. Retirez et jetez les graines, puis hachez finement les dattes. Mélanger les dattes et le liquide, le beurre ou la margarine et les œufs jusqu'à obtenir une consistance crémeuse. Ajouter tous les ingrédients restants de la pâte. Versez le mélange dans une plaque à pâtisserie graissée et panée d'un diamètre de 18 cm et enfournez dans un four préchauffé à 180°C/350°F/thermostat 4 pendant 1 heure jusqu'à ce qu'un cure-dent inséré au centre en ressorte propre. Laisser refroidir dans le moule pendant 10 minutes avant de démouler sur une grille pour terminer le refroidissement.

Pour faire le glaçage, fouettez tous les ingrédients ensemble jusqu'à obtenir une consistance tartinable, en ajoutant un peu plus de jus d'orange ou d'eau si nécessaire. Coupez le gâteau en deux horizontalement, disposez les couches avec la moitié du glaçage et étalez le reste dessus.

Gâteau aux carottes et au sucre

Pour un gâteau d'un diamètre de 18 cm

5 œufs, séparés

200g/7oz/petit 1 tasse de cassonade molle

15 ml/1 cuillère à soupe de jus de citron

300 g de carotte râpée

225 g/8 oz/2 tasse d'amandes moulues

25 g/1 oz/¼ tasse de farine de blé entier (blé entier).

5 ml/1 cuillère à café de cannelle moulue

25 g/1 oz/2 cuillères à soupe de beurre ou de margarine, fondu

25 g/1 oz/2 cuillères à soupe de sucre cristallisé

30 ml/2 cuillères à soupe de crème liquide (légère).

75 g/3 oz/¾ tasse de noix mélangées hachées

Incorporer les jaunes d'œufs jusqu'à ce qu'ils soient mousseux, incorporer le sucre jusqu'à consistance lisse, puis incorporer le jus de citron. Incorporez un tiers des carottes, puis un tiers des amandes, et continuez ainsi jusqu'à ce que le tout soit bien mélangé. Incorporer la farine et la cannelle. Battez les blancs d'œufs en neige ferme puis mélangez-les à la masse à l'aide d'une cuillère en métal. Verser dans une plaque à pâtisserie graissée et panée d'un diamètre de 18 cm et enfourner au four préchauffé à 180°C/thermostat 4 pendant 1 heure. Couvrir la pâte sans serrer avec du papier sulfurisé (ciré) et réduire la température du four à 160°C/325°F/thermostat 3 pendant encore 15 minutes ou jusqu'à ce que la pâte ait légèrement rétréci des côtés du moule et que le centre soit encore humide. Laissez le gâteau dans le moule jusqu'à ce qu'il soit chaud, puis retirez-le pour qu'il refroidisse complètement.

Mélanger le beurre ou la margarine fondue, le sucre, la crème et les noix, verser sur la pâte et faire revenir sur un gril moyen (gril) jusqu'à ce qu'elle soit dorée.

Gâteau aux courgettes et à la moelle

Pour un gâteau d'un diamètre de 20 cm

225 g/8 oz/1 tasse de sucre cristallisé

2 oeufs, battus

120 ml/4 fl oz/½ tasse d'huile

100 g / 4 oz / 1 tasse de farine nature (tout usage)

5 ml/1 cuillère à café de levure chimique

2,5 ml/½ cuillère à café de bicarbonate de soude (bicarbonate de soude)

2,5 ml / ½ cuillère à café de sel

100 g de courgettes râpées (courgettes).

100 g d'ananas écrasé

50 g/2 oz/½ tasse de noix, hachées

5 ml/1 cuillère à café d'essence de vanille (extrait)

Battre ensemble le sucre et les œufs jusqu'à ce que le mélange soit léger et bien mélangé. Incorporer l'huile, puis les ingrédients secs. Ajouter les courgettes, l'ananas, les noix et l'essence de vanille. Verser dans un moule à cake de 20 cm graissé et fariné et cuire au four préchauffé à 180°C/350°F/thermostat 4 pendant 1 heure, jusqu'à ce qu'un cure-dent inséré au centre en ressorte propre. Laisser refroidir dans le moule pendant 30 minutes avant de démouler sur une grille pour terminer le refroidissement.

Gâteau aux courgettes et à l'orange

Pour un gâteau d'un diamètre de 25 cm/10

225 g/8 oz/1 tasse de beurre ou de margarine, ramolli

450 g/1 lb/2 tasse de cassonade molle

4 œufs légèrement battus

275 g/10 oz/2½ tasses de farine nature (tout usage)

15 ml/1 cuillère à soupe de levure chimique

2,5 ml / ½ cuillère à café de sel

5 ml/1 cuillère à café de cannelle moulue

2,5 ml/½ cuillère à café de muscade râpée

Une pincée de clous de girofle moulus

Zeste râpé et jus d'1 orange

225 g/2 tasses de courgettes râpées

Crémer le beurre ou la margarine avec le sucre jusqu'à consistance légère et mousseuse. Ajoutez progressivement les œufs, puis ajoutez la farine, la levure chimique, le sel et les épices en alternant avec le zeste et le jus d'orange. Incorporer les courgettes. Verser dans un moule à gâteau (plateau) de 25 cm de diamètre graissé et tapissé et cuire au four préchauffé à 180°C/350°F/thermostat 4 pendant 1 heure, jusqu'à ce qu'il soit doré et élastique au toucher. Si le dessus commence à trop dorer en fin de cuisson, recouvrir de papier sulfurisé (ciré).

Gâteau aux courgettes épicé

Pour un gâteau d'un diamètre de 25 cm/10

350 g/12 oz/3 tasses de farine nature (tout usage)

10 ml / 2 cuillères à café de levure chimique

7,5 ml/1½ cuillères à café de cannelle moulue

5 ml/1 cuillère à café de bicarbonate de soude (bicarbonate de soude)

2,5 ml / ½ cuillère à café de sel

8 blancs d'œufs

450 g/1 lb/2 tasses de sucre cristallisé

100 g/1 tasse de purée de pomme (sauce)

120 ml/1/2 tasse de babeurre

15 ml/1 cuillère à soupe d'essence de vanille (extrait)

5 ml/1 cuillère à café de zeste d'orange finement râpé

350 g/3 tasses de courgettes (courgettes), râpées

75 g/3 oz/¾ tasse de noix, hachées

                    Pour la garniture :
100 g de fromage frais

25 g/1 oz/2 cuillères à soupe de beurre ou de margarine, ramolli

5 ml/1 cuillère à café de zeste d'orange finement râpé

10 ml/2 cuillères à café de jus d'orange

350 g/12 oz/2 tasses de sucre en poudre (confiserie), tamisé

Mélanger les ingrédients secs ensemble. Battre les blancs d'œufs jusqu'à ce qu'ils forment des pics mous. Incorporer lentement le sucre, puis la compote de pommes, le babeurre, l'essence de vanille et le zeste d'orange. Incorporez la farine, puis les courgettes et les noix. Verser dans un moule à cake beurré et fariné d'un diamètre de 25 cm/10 (plaque) et enfourner dans un four préchauffé à 150°C/300°F/thermostat 2 pendant 1 heure, jusqu'à ce qu'un cure-dent inséré au centre en ressorte faire le ménage. Laisser refroidir dans le moule.

Battre tous les ingrédients du glaçage jusqu'à consistance lisse, en ajoutant suffisamment de sucre pour obtenir une consistance tartinable. Verser sur le gâteau refroidi.

Gateau à la citrouille

Pour un gâteau mesurant 23 x 33 cm/9 x 13

450 g/1 lb/2 tasses de sucre cristallisé

4 œufs, battus

375 ml/13 oz/1½ tasse d'huile

350 g/12 oz/3 tasses de farine nature (tout usage)

15 ml/1 cuillère à soupe de levure chimique

10 ml/2 cuillères à café de bicarbonate de soude (bicarbonate de soude)

10 ml/2 cuillères à café de cannelle moulue

2,5 ml/½ cuillère à café de gingembre moulu

Pincée de sel

225 g de potiron cuit, coupé en cubes

100 g/1 tasse de noix hachées

Battre ensemble le sucre et les œufs jusqu'à ce que le tout soit bien mélangé, puis incorporer l'huile. Incorporer le reste des ingrédients. Verser dans un moule à pâtisserie (plaque) graissé et fariné de dimensions 23 x 33 cm/9 x 13 et cuire au four préchauffé à 180°C/350°F/thermostat 4 pendant 1 heure, jusqu'à ce qu'un cure-dent inséré dans le le centre en ressortira propre.

Gâteau fruité à la citrouille

Pour un gâteau d'un diamètre de 20 cm

100 g/1/2 tasse de beurre ou de margarine molle

150 g/5 oz/2/3 tasse de cassonade molle

2 œufs légèrement battus

225 g de potiron cuit froid

30 ml/2 cuillères à soupe de sirop de maïs doré (léger)

225 g/8 oz 1/1/3 tasse de fruits secs mélangés (mélange à gâteau aux fruits)

225 g/8 oz/2 tasses de farine autolevante (autolevante)

50 g/2 oz/½ tasse de son

Crémer le beurre ou la margarine avec le sucre jusqu'à consistance légère et mousseuse. Incorporez progressivement les œufs, puis ajoutez le reste des ingrédients. Verser dans un moule à pâtisserie beurré et pané (20 cm de diamètre) et cuire au four préchauffé à 160°C/325°F/thermostat 3 pendant 1¼ heure jusqu'à ce qu'un cure-dent inséré au centre en ressorte propre.

Rouleau de citrouille épicé

Donne un rouleau de 30 cm/12 pouces

75 g/3 oz/¾ tasse de farine nature (tout usage)

5 ml/1 cuillère à café de bicarbonate de soude (bicarbonate de soude)

5 ml/1 cuillère à café de gingembre moulu

2,5 ml/½ cuillère à café de muscade râpée

10 ml/2 cuillères à café de cannelle moulue

Pincée de sel

1 oeuf

225 g/8 oz/1 tasse de sucre cristallisé

100 g de potiron cuit, coupé en cubes

5 ml/1 cuillère à café de jus de citron

4 blancs d'œufs

50 g/2 oz/½ tasse de noix, hachées

50 g/1/3 tasse de sucre en poudre (confiserie), tamisé

                      Pour le remplissage:
175 g/6 oz/1 tasse de sucre en poudre (confiserie), tamisé

100 g de fromage frais

2,5 ml/½ cuillère à café d'essence de vanille (extrait)

Mélangez la farine, le bicarbonate de soude, les épices et le sel. Battre l'œuf jusqu'à ce qu'il soit épais et pâle, puis incorporer le sucre jusqu'à ce que le mélange soit léger et crémeux. Incorporer le jus de citrouille et de citron. Incorporer le mélange de farine. Dans un bol propre, battre les blancs d'œufs jusqu'à ce qu'ils soient fermes. Incorporer à la pâte et placer dans un moule à roulette suisse de 30 x 12 cm/12 x 8 graissé et tapissé de papier et saupoudrer de noix sur le dessus. Cuire au four préchauffé à

190°C/375°F/thermostat 5 pendant 10 minutes, jusqu'à ce qu'il soit élastique au toucher. Tamisez le sucre en poudre sur un torchon propre et transférez la pâte sur le torchon. Retirez le papier de doublure et enroulez le gâteau et le torchon, puis laissez refroidir.

Pour préparer la garniture, battez progressivement le sucre avec le fromage à la crème et l'essence de vanille jusqu'à obtenir un mélange tartinable. Dépliez la pâte et étalez la garniture dessus. Roulez à nouveau la pâte et saupoudrez d'un peu de sucre en poudre avant de servir.

Gâteau à la rhubarbe et au miel

Recette pour deux gâteaux de 450 g/1 lb

250 g/9 oz/¾ tasse de miel pur

100 ml/4 fl oz/½ tasse d'huile

1 oeuf

5 ml/1 cuillère à café de bicarbonate de soude (bicarbonate de soude)

60 ml/4 cuillères à soupe d'eau

350g/12oz/3 tasses de farine de blé entier (blé entier).

10 ml/2 cuillères à café de sel

350 g de rhubarbe finement hachée

5 ml/1 cuillère à café d'essence de vanille (extrait)

50 g/2 oz/½ tasse de noix mélangées hachées (facultatif)

Pour la garniture :
75 g/3 oz/1/3 tasse de sucre muscovado

5 ml/1 cuillère à café de cannelle moulue

15 g/½ oz/1 cuillère à soupe de beurre ou de margarine ramollie

Mélangez le miel et l'huile. Ajouter l'œuf et bien battre. Ajouter le bicarbonate de soude à l'eau et laisser dissoudre. Mélanger la farine et le sel ensemble. Ajouter au mélange de miel en alternant avec le mélange de bicarbonate de soude. Incorporer la rhubarbe, l'essence de vanille et les noix, le cas échéant. Versez dans deux moules à cake de 450 g beurrés, mélangez les ingrédients du glaçage et étalez-les sur la pâte. Cuire au four préchauffé à 180°C/350°F/thermostat 4 pendant 1 heure, jusqu'à ce qu'il soit élastique au toucher.

Gâteau Aux Pommes De Terre

Pour un gâteau d'un diamètre de 23 cm/9

300 g/11 oz/2¾ tasses de farine nature (tout usage)

15 ml/1 cuillère à soupe de levure chimique

5 ml/1 cuillère à café de cannelle moulue

5 ml/1 cuillère à café de muscade râpée

Pincée de sel

350 g/12 oz/1¾ tasse de sucre cristallisé

375 ml/13 oz/1½ tasse d'huile

60 ml/4 cuillères à soupe d'eau bouillie

4 œufs, séparés

225 g de patates douces pelées et grossièrement râpées

100 g/1 tasse de noix mélangées hachées

5 ml/1 cuillère à café d'essence de vanille (extrait)

> Pour le glaçage (glaçage) :

225 g/8 oz/11/3 tasse de sucre en poudre (confiserie), tamisé

50 g de beurre ou de margarine molle

250g/9oz/1 fromage à la crème moyen

50 g/2 oz/½ tasse de noix mélangées hachées

Une pincée de cannelle moulue pour saupoudrer

Mélanger la farine, la levure chimique, la cannelle, la muscade et le sel. Mélangez le sucre et l'huile, puis ajoutez l'eau bouillante et battez jusqu'à ce que le tout soit bien mélangé. Ajouter les jaunes d'œufs et le mélange de farine et mélanger jusqu'à ce que le tout soit bien mélangé. Incorporer les patates douces, les noix et l'essence de vanille. Battre les blancs d'œufs en neige ferme puis les incorporer au mélange. Verser dans deux moules (plateaux) de 23 cm/9 graissés et farinés et cuire au four préchauffé à 180°C/350°F/thermostat 4 pendant 40 minutes, jusqu'à ce qu'il soit élastique au toucher. Laisser refroidir dans les moules pendant 5 minutes, puis transférer sur une grille pour terminer le refroidissement.

Mélangez le sucre en poudre, le beurre ou la margarine et la moitié du fromage frais. Étalez la moitié du fromage à la crème restant sur un gâteau, puis étalez le glaçage sur le fromage. Assemblez les biscuits. Étalez le reste du fromage dessus et saupoudrez de noix et de cannelle avant de servir.

Gâteau italien aux amandes

Pour un gâteau d'un diamètre de 20 cm

1 oeuf

150 ml/¼ pt./2/3 tasse de lait

2,5 ml/½ cuillère à café d'essence d'amande (extrait)

45 ml/3 cuillères à soupe de beurre fondu

350 g/12 oz/3 tasses de farine nature (tout usage)

100 g/4 oz/½ tasse de sucre en poudre (très fin).

10 ml / 2 cuillères à café de levure chimique

2,5 ml / ½ cuillère à café de sel

1 blanc d'oeuf

100 g/1 tasse d'amandes hachées

Battez l'œuf dans un bol, puis ajoutez progressivement le lait, l'essence d'amande et le beurre fondu en fouettant constamment. Ajouter la farine, le sucre, la levure chimique et le sel et continuer à mélanger jusqu'à consistance lisse. Verser dans un moule à cake (poêle) de 20 cm de diamètre beurré et tapissé de papier. Battre les blancs d'œufs en neige ferme, puis badigeonner généreusement le dessus du gâteau et parsemer d'amandes. Cuire au four préchauffé à 220°C/425°F/thermostat 7 pendant 25 minutes, jusqu'à ce qu'ils soient dorés et élastiques au toucher.

Gâteau aux amandes et au café

Pour un gâteau d'un diamètre de 23 cm/9

8 œufs, séparés

175 g/6 oz/¾ tasse de sucre cristallisé

60 ml/4 cuillères à soupe de café noir fort

175 g/1½ tasse d'amandes moulues

45 ml/3 cuillères à soupe de semoule (crème de blé)

100 g / 4 oz / 1 tasse de farine nature (tout usage)

Battre les jaunes d'œufs et le sucre jusqu'à obtenir une consistance très épaisse et crémeuse. Ajouter le café, la poudre d'amandes et la semoule et bien battre. Versez la farine. Battre les blancs d'œufs en neige ferme puis les incorporer au mélange. Verser dans un moule à charnière graissé de 23 cm et cuire au four préchauffé à 180°C/350°F/thermostat 4 pendant 45 minutes, jusqu'à ce qu'il soit élastique au toucher.

Gâteau aux amandes et au miel

Pour un gâteau d'un diamètre de 20 cm

225 g de carottes râpées

75 g/3 oz/¾ tasse d'amandes, hachées

2 oeufs, battus

100 ml/4 fl oz/½ tasse de miel pur

60 ml / 4 cuillères à soupe d'huile

150 ml/¼ pt./2/3 tasse de lait

150 g/5 oz/1¼ tasse de farine de blé entier (blé entier).

10 ml/2 cuillères à café de sel

10 ml/2 cuillères à café de bicarbonate de soude (bicarbonate de soude)

15 ml/1 cuillère à soupe de cannelle moulue

Mélangez les carottes et les noix. Battez les œufs avec le miel, l'huile et le lait, puis mélangez avec les carottes. Mélanger la farine, le sel, le bicarbonate de soude et la cannelle et incorporer aux carottes. Versez le mélange dans un moule carré de 20 cm de diamètre beurré et recouvert de papier sulfurisé et enfournez dans un four préchauffé à 150°C/thermostat 2 pendant 1¾ heures, jusqu'à ce qu'un cure-dent inséré au centre en ressorte. faire le ménage. Laisser refroidir dans le moule 10 minutes avant de démouler.

Gâteau aux amandes et au citron

Pour un gâteau d'un diamètre de 23 cm/9

25 g/1 oz/¼ tasse d'amandes effilées (hachées)

100 g/1/2 tasse de beurre ou de margarine molle

100 g/4 oz/½ tasse de cassonade molle

2 oeufs, battus

100 g/4 oz/1 tasse de farine autolevante (autolevante)

Le zeste râpé d'1 citron

Pour le sirop :

75g/3oz/1/3 tasse de sucre cristallisé

45 à 60 ml/3 à 4 cuillères à soupe de jus de citron

Beurrer et chemiser un moule à cake (plateau) de 23 cm de diamètre et parsemer le fond d'amandes. Crémer ensemble le beurre et la cassonade. Battez les œufs un à un, puis ajoutez la farine et le zeste de citron. Verser dans le moule préparé et lisser la surface. Cuire au four préchauffé à 180°C/350°F/thermostat 4 pendant 20-25 minutes, jusqu'à ce qu'ils soient bien levés et élastiques au toucher.

Pendant ce temps, faites chauffer le sucre en poudre et le jus de citron dans une casserole en remuant de temps en temps jusqu'à ce que le sucre se dissolve. Sortez le gâteau du four et laissez-le refroidir 2 minutes, puis placez-le à l'envers sur une grille. Versez le sirop dessus à l'aide d'une cuillère puis laissez refroidir complètement.

Gâteau aux amandes et à l'orange

Pour un gâteau d'un diamètre de 20 cm

225 g/8 oz/1 tasse de beurre ou de margarine, ramolli

225 g/8 oz/1 tasse de sucre cristallisé

4 œufs, séparés

225 g/8 oz/2 tasses de farine nature (tout usage)

10 ml / 2 cuillères à café de levure chimique

50 g d'amandes moulues

5 ml/1 cuillère à café de zeste d'orange râpé

Crémer le beurre ou la margarine avec le sucre jusqu'à consistance légère et mousseuse. Battez les jaunes d'œufs, puis ajoutez la farine, la levure chimique, la poudre d'amandes et le zeste d'orange. Battez les blancs d'œufs en neige ferme puis mélangez-les au mélange avec une cuillère en métal. Verser dans un moule (plaque) beurré et pané de 20 cm de diamètre et cuire au four préchauffé à 180°C/350°F/thermostat 4 pendant 1 heure jusqu'à ce qu'un cure-dent inséré au centre en ressorte propre.

Gâteau riche aux amandes

Pour un gâteau d'un diamètre de 18 cm

100 g/1/2 tasse de beurre ou de margarine molle

150g/5oz/2/3 tasse de sucre cristallisé

3 œufs légèrement battus

75 g/3 oz/¾ tasse d'amandes moulues

50 g/2 oz/½ tasse de farine nature (tout usage)

Quelques gouttes d'essence d'amande (extrait)

Crémer le beurre ou la margarine avec le sucre jusqu'à consistance légère et mousseuse. Incorporez progressivement les œufs, puis ajoutez la poudre d'amandes, la farine et l'essence d'amande. Verser dans un moule à pâtisserie graissé et pané (18 cm de diamètre) et cuire au four préchauffé à 180°C/350°F/thermostat 4 pendant 45 minutes, jusqu'à ce qu'il soit élastique au toucher.

Macaron suédois

Pour un gâteau d'un diamètre de 23 cm/9

100 g/1 tasse d'amandes moulues

75 g/3 oz/1/3 tasse de sucre en poudre

5 ml/1 cuillère à café de levure chimique

2 gros blancs d'œufs battus

Mélangez les amandes, le sucre et la levure chimique. Incorporer les blancs d'œufs jusqu'à ce que le mélange soit épais et lisse. Verser dans un moule à sandwich de 23 cm graissé et tapissé de papier et cuire au four préchauffé à 160°C/325°F/thermostat 3 pendant 20-25 minutes, jusqu'à ce qu'il soit gonflé et doré. Retirer du moule très délicatement car la pâte est fragile.

Pain à la noix de coco

Recette pour un pain 450 g/1 lb

100 g/4 oz/1 tasse de farine autolevante (autolevante)

225 g/8 oz/1 tasse de sucre cristallisé

100 g / 4 oz / 1 tasse de noix de coco séchée (râpée)

1 oeuf

120 ml/4 fl oz/½ tasse de lait

Pincée de sel

Mélangez bien tous les ingrédients et versez dans un moule à pain de 450 g graissé et tapissé. Cuire au four préchauffé à 180°C/350°F/thermostat 4 pendant environ 1 heure, jusqu'à ce qu'il soit doré et élastique au toucher.

un gâteau à la noix de coco

Pour un gâteau d'un diamètre de 23 cm/9

75 g/3 oz/1/3 tasse de beurre ou de margarine

150 ml/¼ pt./2/3 tasse de lait

2 œufs légèrement battus

225 g/8 oz/1 tasse de sucre cristallisé

150 g/5 oz/1¼ tasse de farine autolevante (autolevante)

Pincée de sel

Pour la garniture :

100 g de beurre ou de margarine

75 g / 3 oz / ¾ tasse de noix de coco séchée (râpée)

60 ml/4 cuillères à soupe de miel léger

45 ml/3 cuillères à soupe de lait

50 g/2 oz/¼ tasse de cassonade molle

Faire fondre le beurre ou la margarine dans le lait, puis laisser refroidir légèrement. Battez les œufs et le sucre en poudre jusqu'à consistance légère et mousseuse, puis ajoutez le beurre et le lait. Mélangez la farine et le sel pour obtenir un mélange assez liquide. Verser dans un moule à pâtisserie graissé et saupoudré de 23 cm de diamètre et cuire au four préchauffé à 180°C/350°F/thermostat 4 pendant 40 minutes jusqu'à ce qu'il soit doré et élastique au toucher.

Pendant ce temps, faites bouillir les ingrédients de la garniture dans une casserole. Sortez le gâteau chaud et versez-y le mélange. Placer sous un grill chaud pendant quelques minutes jusqu'à ce que le dessus commence à dorer.

Gâteau Doré À La Noix De Coco

Pour un gâteau d'un diamètre de 20 cm

100 g/1/2 tasse de beurre ou de margarine molle

200g/7oz/fin 1 tasse de sucre en poudre (très fin).

200 g/7 oz/1¾ tasse de farine nature (tout usage)

10 ml / 2 cuillères à café de levure chimique

Pincée de sel

175 ml/6 oz/¾ tasse de lait

3 blancs d'œufs

Pour la garniture et le topping :
150 g/5 oz/1¼ tasse de noix de coco séchée (râpée)

200g/7oz/fin 1 tasse de sucre en poudre (très fin).

120 ml/4 fl oz/½ tasse de lait

120 ml/4 fl oz/½ tasse d'eau

3 jaunes

Crémer le beurre ou la margarine avec le sucre jusqu'à consistance légère et mousseuse. Incorporer la farine, la levure chimique et le sel au mélange en alternant avec le lait et l'eau jusqu'à obtenir une pâte lisse. Battez les blancs d'œufs en neige ferme puis mélangez-les à la pâte. Versez le mélange dans deux moules à cake beurrés de 20 cm de diamètre et enfournez dans un four préchauffé à 180°C/350°F/thermostat 4 pendant 25 minutes, jusqu'à ce qu'il soit élastique au toucher. Laisser refroidir.

Dans une petite casserole, mélanger la noix de coco, le sucre, le lait et les jaunes d'œufs. Chauffer à feu doux pendant quelques minutes jusqu'à ce que les œufs soient pris, en remuant constamment. Laisser refroidir. Placez les biscuits avec la moitié du mélange de noix de coco, puis versez le reste dessus.

Un gâteau à la noix de coco

Pour un gâteau mesurant 9 x 18 cm/3½ x 7

100 g/1/2 tasse de beurre ou de margarine molle

175 g/6 oz/¾ tasse de sucre cristallisé

3 oeufs

175 g/6 oz/1½ tasse de farine nature (tout usage)

5 ml/1 cuillère à café de levure chimique

175 g/6 oz/1 tasse de raisins secs (raisins dorés)

120 ml/4 fl oz/½ tasse de lait

6 biscuits nature (cookies), écrasés

100 g/4 oz/½ tasse de cassonade molle

100 g / 4 oz / 1 tasse de noix de coco séchée (râpée)

Crémer le beurre ou la margarine avec le sucre en poudre jusqu'à consistance légère et mousseuse. Incorporer progressivement deux œufs, puis ajouter la farine, la levure chimique et les raisins secs en alternance avec le lait. Versez la moitié du mélange dans un moule à pain (moule) de 450 g graissé et tapissé de papier. Mélangez l'œuf restant avec la chapelure de génoise, la cassonade et la noix de coco et saupoudrez-le sur le moule. Versez le reste du mélange et faites cuire au four préchauffé à 180°C/350°F/thermostat 4 pendant 1 heure. Laisser refroidir dans le moule pendant 30 minutes, puis transférer sur une grille pour terminer le refroidissement.

Gâteau à la noix de coco et au citron

Pour un gâteau d'un diamètre de 20 cm

100 g/1/2 tasse de beurre ou de margarine molle

75g/3oz/1/3 tasse de cassonade molle

Le zeste râpé d'1 citron

1 œuf battu

Quelques gouttes d'essence d'amande (extrait)

350 g/12 oz/3 tasses de farine autolevante (autolevante)

60 ml/4 cuillères à soupe de confiture de framboises (en conserve)

Pour la garniture :

1 œuf battu

75g/3oz/1/3 tasse de cassonade molle

225 g/8 oz/2 tasses de noix de coco séchée (râpée)

Mélangez le beurre ou la margarine, le sucre et le zeste de citron jusqu'à obtenir une consistance légère et mousseuse. Incorporez progressivement l'œuf et l'essence d'amande, puis ajoutez la farine. Versez le mélange dans un moule à cake de 20 cm de diamètre beurré et recouvert de papier sulfurisé. Placez la confiture sur le mélange. Mélangez les ingrédients du glaçage et étalez-les sur le mélange. Cuire au four préchauffé à 180°C/350°F/thermostat 4 pendant 30 minutes, jusqu'à ce qu'il soit élastique au toucher. Laisser refroidir dans le moule.

Gâteau du Nouvel An à la noix de coco

Pour un gâteau d'un diamètre de 18 cm

100 g/1/2 tasse de beurre ou de margarine molle

100 g/4 oz/½ tasse de sucre en poudre (très fin).

2 œufs légèrement battus

75 g/3 oz/¾ tasse de farine nature (tout usage)

45 ml/3 cuillères à soupe de flocons de noix de coco

30 ml/2 cuillères à soupe de rhum

Quelques gouttes d'essence d'amande (extrait)

quelques gouttes d'essence de citron (extrait)

Travailler le beurre et le sucre jusqu'à consistance légère et mousseuse. Incorporez progressivement les œufs, puis ajoutez la farine et les flocons de noix de coco. Incorporer le rhum et les essences. Verser dans un moule à cake beurré et tapissé de papier d'un diamètre de 18 cm/7 (plaque) et lisser la surface. Cuire au four préchauffé à 190°C/375°F/thermostat 5 pendant 45 minutes, jusqu'à ce qu'un cure-dent inséré au centre en ressorte propre. Laisser refroidir dans le moule.

Gâteau noix de coco et sultane

Pour un gâteau d'un diamètre de 23 cm/9

100 g/1/2 tasse de beurre ou de margarine molle

175 g/6 oz/¾ tasse de sucre cristallisé

2 œufs légèrement battus

175 g/6 oz/1½ tasse de farine nature (tout usage)

5 ml/1 cuillère à café de levure chimique

Pincée de sel

175 g/6 oz/1 tasse de raisins secs (raisins dorés)

120 ml/4 fl oz/½ tasse de lait

Pour le remplissage:

1 œuf légèrement battu

50 g / 2 oz / ½ tasse de chapelure de biscuit nature.

100 g/4 oz/½ tasse de cassonade molle

100 g / 4 oz / 1 tasse de noix de coco séchée (râpée)

Crémer le beurre ou la margarine avec le sucre en poudre jusqu'à consistance légère et mousseuse. Incorporez progressivement les œufs. Mélangez la farine, la levure chimique, le sel et les raisins secs avec suffisamment de lait pour créer une consistance molle et tombante. Versez la moitié du mélange dans un moule à cake beurré de 23 cm de diamètre. Mélangez les ingrédients de la garniture et versez-les sur le mélange, puis recouvrez du reste du mélange à gâteau. Cuire au four préchauffé à 180°C/350°F/thermostat 4 pendant 1 heure, jusqu'à ce qu'ils soient élastiques au toucher et commencent à se décoller des parois du moule. Laisser refroidir dans le moule avant de démouler.

Gâteau croquant aux noix

Pour un gâteau d'un diamètre de 23 cm/9

225 g/8 oz/1 tasse de beurre ou de margarine, ramolli

225 g/8 oz/1 tasse de sucre cristallisé

2 œufs légèrement battus

225 g/8 oz/2 tasses de farine nature (tout usage)

2,5 ml/½ cuillère à café de bicarbonate de soude (bicarbonate de soude)

2,5 ml/½ cuillère à café de crème tartare

200 ml/7 oz/petite 1 tasse de lait

Pour la garniture :
100 g/1 tasse de noix mélangées hachées

100 g/4 oz/½ tasse de cassonade molle

5 ml/1 cuillère à café de cannelle moulue

Crémer le beurre ou la margarine avec le sucre en poudre jusqu'à consistance légère et mousseuse. Incorporez progressivement les œufs, puis ajoutez la farine, le bicarbonate de soude et la crème de tartre en alternant avec le lait. Verser le mélange dans un moule à cake (assiette) de 23 cm de diamètre beurré et saupoudré de chapelure. Mélangez les noix, la cassonade et la cannelle et saupoudrez sur le gâteau. Cuire au four préchauffé à 180°C/350°F/thermostat 4 pendant 40 minutes, jusqu'à ce qu'ils soient dorés et se détachent des parois du moule. Laisser refroidir dans le moule pendant 10 minutes, puis transférer sur une grille pour terminer le refroidissement.

Gâteau aux cacahuètes mélangées

Pour un gâteau d'un diamètre de 23 cm/9

100 g/1/2 tasse de beurre ou de margarine molle

225 g/8 oz/1 tasse de sucre cristallisé

1 œuf battu

225 g/8 oz/2 tasses de farine autolevante (autolevante)

10 ml / 2 cuillères à café de levure chimique

Pincée de sel

250 ml/8 oz/1 tasse de lait

5 ml/1 cuillère à café d'essence de vanille (extrait)

2,5 ml/½ cuillère à café d'essence de citron (extrait)

100 g/1 tasse de noix mélangées hachées

Crémer le beurre ou la margarine avec le sucre jusqu'à consistance légère et mousseuse. Ajoutez progressivement l'œuf. Mélanger la farine, la levure chimique et le sel et ajouter au mélange en alternance avec le lait et les essences. Mettez les noix. Verser dans deux moules à pâtisserie graissés et chemisés d'un diamètre de 23 cm/9 (plaque) et cuire au four préchauffé à 180°F/350°F/thermostat 4 pendant 40 minutes, jusqu'à ce qu'un cure-dent inséré au centre en ressorte. faire le ménage.

Gâteau grec aux noix

Pour un gâteau d'un diamètre de 25 cm/10

100 g/1/2 tasse de beurre ou de margarine molle

225 g/8 oz/1 tasse de sucre cristallisé

3 œufs légèrement battus

250 g/9 oz/2¼ tasses de farine nature (tout usage)

225 g/8 oz/2 tasse de noix, moulues

10 ml / 2 cuillères à café de levure chimique

5 ml/1 cuillère à café de cannelle moulue

1,5 ml / ¼ cuillère à café de clous de girofle moulus

Pincée de sel

75 ml/5 cuillères à soupe de lait

Pour le sirop de miel :

175 g/6 oz/¾ tasse de sucre cristallisé

75 g/3 oz/¼ tasse de miel pur

15 ml/1 cuillère à soupe de jus de citron

250 ml/8 fl oz/1 tasse d'eau bouillante

Crémer le beurre ou la margarine avec le sucre jusqu'à consistance légère et mousseuse. Incorporez progressivement les œufs, puis ajoutez la farine, les noix, la levure chimique, les épices et le sel. Ajouter le lait et mélanger jusqu'à consistance lisse. Verser dans un moule à gâteau (plaque) de 25 cm/10 de diamètre graissé et fariné et cuire au four préchauffé à 180°C/350°F/thermostat 4 pendant 40 minutes, jusqu'à ce qu'il soit élastique au toucher. Laisser refroidir dans le moule pendant 10 minutes, puis transférer sur une grille.

Pour préparer le sirop, mélangez le sucre, le miel, le jus de citron et l'eau et faites chauffer jusqu'à dissolution. Piquez le gâteau tiède avec une fourchette puis versez dessus le sirop de miel.

Gâteau à la crème glacée aux arachides

Pour un gâteau d'un diamètre de 18 cm

100 g/1/2 tasse de beurre ou de margarine molle

100 g/4 oz/½ tasse de sucre en poudre (très fin).

2 œufs légèrement battus

100 g/4 oz/1 tasse de farine autolevante (autolevante)

100 g/1 tasse de noix hachées

Pincée de sel

                    Pour le glaçage (glaçage) :

450 g/1 lb/2 tasse de sucre en poudre

150 ml/¼ pt./2/3 tasse d'eau

2 blancs d'œufs

Quelques moitiés de noix pour la décoration

Crémer le beurre ou la margarine avec le sucre en poudre jusqu'à consistance légère et mousseuse. Incorporez progressivement les œufs, puis ajoutez la farine, les noix et le sel. Versez le mélange dans deux moules à cake de 18 cm de diamètre beurrés et chemisés et enfournez au four préchauffé à 180°C/350°F/thermostat 4 pendant 25 minutes, jusqu'à ce qu'ils aient bien levé et soient élastiques au toucher. Laisser refroidir.

Dissoudre le sucre semoule dans l'eau à feu doux en remuant constamment, puis porter à ébullition et poursuivre la cuisson sans remuer jusqu'à ce qu'une goutte du mélange forme une boule molle lorsqu'elle est plongée dans l'eau froide. Pendant ce temps, battez les blancs d'œufs dans un bol propre jusqu'à ce qu'ils soient fermes. Versez le sirop sur les blancs d'œufs et battez jusqu'à ce que le mélange soit suffisamment épais pour recouvrir le dos d'une cuillère. Disposez les gâteaux ensemble avec une couche de glaçage, puis étalez le reste sur le dessus et les côtés du gâteau et décorez avec des moitiés de noix.

Gâteau aux noix et crème au chocolat

Pour un gâteau d'un diamètre de 18 cm

3 oeufs

75g/3oz/1/3 tasse de cassonade molle

50 g/2 oz/½ tasse de farine de blé entier (blé entier).

25 g/1 oz/¼ tasse de cacao (chocolat non sucré) en poudre

Pour le glaçage (glaçage) :

150 g/5 oz/1¼ tasse de chocolat nature (mi-sucré)

225 g/8 oz/1 tasse de fromage à la crème faible en gras

45 ml/3 cuillères à soupe de sucre en poudre (confiserie), tamisé

75 g/3 oz/¾ tasse de noix, hachées

15 ml/1 cuillère à soupe de cognac (facultatif)

chocolat râpé pour la décoration

Battre les œufs et la cassonade jusqu'à consistance légère et épaisse. Ajouter la farine et le cacao. Versez le mélange dans deux moules à pâtisserie (moules) graissés et farinés de 18 cm de diamètre et faites cuire au four préchauffé à 190°C/375°F/thermostat 5 pendant 15-20 minutes jusqu'à ce qu'il soit bien levé et élastique au toucher. Démouler et laisser refroidir.

Faire fondre le chocolat dans un bol résistant à la chaleur posé sur une casserole d'eau frémissante. Retirer du feu et incorporer le fromage cottage et le sucre glace, puis incorporer les noix et le cognac, le cas échéant. Placez les biscuits avec la majeure partie de la garniture et étalez le reste dessus. Décorer de chocolat râpé.

Gâteau aux noix, au miel et à la cannelle

Pour un gâteau d'un diamètre de 23 cm/9

225 g/8 oz/2 tasses de farine nature (tout usage)

10 ml / 2 cuillères à café de levure chimique

5 ml/1 cuillère à café de bicarbonate de soude (bicarbonate de soude)

5 ml/1 cuillère à café de cannelle moulue

Pincée de sel

100 g/1 tasse de yaourt nature

75 ml/5 cuillères à soupe d'huile

100 g/1/3 tasse de miel pur

1 œuf légèrement battu

5 ml/1 cuillère à café d'essence de vanille (extrait)

Pour le remplissage:

50 g/2 oz/½ tasse de noix hachées

225 g/8 oz/1 tasse de cassonade molle

10 ml/2 cuillères à café de cannelle moulue

30 ml / 2 cuillères à soupe d'huile

Mélangez les ingrédients secs de la pâte et faites un puits au milieu. Mélangez le reste des ingrédients du gâteau et incorporez-les aux ingrédients secs. Mélangez les ingrédients de la garniture ensemble. Verser la moitié de la pâte dans un moule à cake (plateau) de 23 cm de diamètre graissé et fariné et saupoudrer de la moitié de la garniture. Ajouter le reste du mélange à gâteau, puis le reste de la garniture. Cuire au four préchauffé à 180°C/350°F/thermostat 4 pendant 30 minutes, jusqu'à ce qu'il soit bien levé, doré et commence à se détacher des parois du moule.

Barres aux amandes et au miel

Cela fait 10

15 g de levure fraîche ou 20 ml/4 cuillères à café de levure sèche

45 ml/3 cuillères à soupe de sucre fin

120 ml/4 fl oz/½ tasse de lait chaud

300 g/11 oz/2¾ tasses de farine nature (tout usage)

Pincée de sel

1 œuf légèrement battu

50 g de beurre ou de margarine molle

300 ml/½ tasse/1¼ tasse de crème double (épaisse)

30 ml/2 cuillères à soupe de sucre en poudre (confiserie), tamisé

45 ml/3 cuillères à soupe de miel léger

300 g/11 oz/2¾ tasses d'amandes effilées (hachées)

Mélangez la levure avec 5 ml/1 cuillère à café de sucre en poudre et un peu de lait et laissez reposer 20 minutes dans un endroit tiède jusqu'à ce qu'elle mousse. Mélangez le sucre restant avec la farine et le sel et faites un puits au centre. Ajoutez progressivement l'œuf, le beurre ou la margarine, le mélange de levure et le reste du lait tiède et mélangez jusqu'à l'obtention d'une pâte molle. Pétrir sur une surface légèrement farinée jusqu'à consistance lisse et élastique. Placer dans un bol huilé, couvrir d'une pellicule plastique huilée (papier d'aluminium) et réserver dans un endroit chaud pendant 45 minutes jusqu'à ce qu'il double de volume.

Pétrissez à nouveau la pâte, puis étalez-la et placez-la dans un moule à cake beurré de dimensions 30 x 20 cm/12 x 8 cm, piquez-la avec une fourchette, couvrez-la et laissez-la dans un endroit tiède pendant 10 minutes.

Mettez 120 ml/1/2 tasse de crème, le sucre en poudre et le miel dans une petite casserole et portez à ébullition. Retirer du feu et incorporer les amandes. Étaler sur la pâte, puis enfourner au four préchauffé à 200°C/400°F/thermostat 6 pendant 20 minutes jusqu'à ce qu'elle soit dorée et élastique au toucher, en recouvrant de papier sulfurisé (ciré) si le dessus commence à trop dorer auparavant. fin de cuisson. Retirer et laisser refroidir.

Coupez le gâteau en deux horizontalement. Fouettez le reste de la crème jusqu'à ce qu'elle soit ferme et étalez-la sur le fond du gâteau. Couvrir de la moitié de la pâte parsemée d'amandes et coupée en barres.

Barres au crumble de pommes et cassis

Donne 12

175 g/6 oz/1½ tasse de farine nature (tout usage)

5 ml/1 cuillère à café de levure chimique

Pincée de sel

175 g/6 oz/¾ tasse de beurre ou de margarine

225 g/8 oz/1 tasse de cassonade molle

100 g/1 tasse de flocons d'avoine

450 g de pommes (tartelettes) à cuire, pelées, évidées et tranchées

30 ml/2 cuillères à soupe de farine de maïs (amidon de maïs)

10 ml/2 cuillères à café de cannelle moulue

2,5 ml/½ cuillère à café de muscade râpée

2,5 ml/½ cuillère à café de piment de la Jamaïque moulu

225 g de cassis

Mélangez la farine avec la levure chimique et le sel, puis incorporez le beurre ou la margarine. Incorporer le sucre et les flocons d'avoine. Disposer la moitié de la pâte au fond d'un moule (assiette) carré de 25 cm de diamètre beurré et recouvert de papier sulfurisé. Mélanger les pommes, la fécule de maïs et les épices et tartiner. Décorer de cassis. Verser le reste du mélange et lisser le dessus. Cuire au four préchauffé à 180°C/350°F/thermostat 4 pendant 30 minutes, jusqu'à ce qu'il soit élastique. Laisser refroidir puis couper en barres.

Barres à l'abricot et à l'avoine

Donne 24

75 g d'abricots secs

25 g/3 cuillères à soupe de raisins secs (raisins dorés)

250 ml/8 fl oz/1 tasse d'eau

5 ml/1 cuillère à café de jus de citron

150 g/5 oz/2/3 tasse de cassonade molle

50 g/2 oz/½ tasse de noix de coco séchée (râpée)

50 g/2 oz/½ tasse de farine nature (tout usage)

2,5 ml/½ cuillère à café de bicarbonate de soude (bicarbonate de soude)

100 g/1 tasse de flocons d'avoine

50 g de beurre fondu

Placez les abricots, les raisins secs, l'eau, le jus de citron et 30 ml/2 cuillères à soupe de cassonade dans une petite casserole et remuez à feu doux jusqu'à épaississement. Incorporer la noix de coco et laisser refroidir. Mélangez la farine, le bicarbonate de soude, les flocons d'avoine et le reste du sucre, puis incorporez le beurre fondu. Pressez la moitié du mélange d'avoine au fond d'un moule carré de 20 cm graissé (plaque), puis étalez le mélange d'abricots dessus. Couvrir du reste du mélange d'avoine et presser légèrement. Cuire au four préchauffé à 180°C/350°F/thermostat 4 pendant 30 minutes jusqu'à ce qu'ils soient dorés. Laisser refroidir puis couper en barres.

Abricots croustillants

Donne 16

100 g/2/3 tasse d'abricots secs prêts à manger

120 ml/4 fl oz/½ tasse de jus d'orange

100 g de beurre ou de margarine

75 g/3 oz/¾ tasse de farine de blé entier (blé entier).

75 g/3 oz/¾ tasse de flocons d'avoine

75 g/3 oz/1/3 tasse de sucre demerara

Faites tremper les abricots dans le jus d'orange pendant au moins 30 minutes jusqu'à ce qu'ils soient tendres, puis égouttez-les et hachez-les. Frottez le beurre ou la margarine avec la farine jusqu'à ce que le mélange ressemble à de la chapelure. Incorporer les flocons d'avoine et le sucre. Presser la moitié du mélange dans un moule à rouleau suisse graissé de 30 x 20 cm/12 x 8 et parsemer d'abricots. Étalez le reste du mélange dessus et appuyez doucement. Cuire au four préchauffé à 180°C/350°F/thermostat 4 pendant 25 minutes jusqu'à ce qu'ils soient dorés. Laisser refroidir dans le moule avant de démouler et de couper en barres.

Barres aux arachides et aux bananes

Donne environ 14

50 g de beurre ou de margarine molle

75 g/3 oz/1/3 tasse de sucre en poudre (très fin) ou de cassonade molle

2 grosses bananes, hachées

175 g/6 oz/1½ tasse de farine nature (tout usage)

7,5 ml/1½ cuillères à café de levure chimique

2 oeufs, battus

50 g de noix hachées grossièrement

Crémer le beurre ou la margarine avec le sucre. Écrasez les bananes et mélangez-les au mélange. Mélanger la farine et la levure chimique. Ajouter la farine, les œufs et les noix au mélange de bananes et bien battre. Verser dans un moule à pâtisserie graissé et pané de 18 x 28 cm/7 x 11, lisser la surface et cuire au four préchauffé à 160°C/325°F/thermostat 3 pendant 30-35 minutes jusqu'à ce qu'il soit élastique. Laisser refroidir dans le moule quelques minutes, puis transférer sur une grille pour terminer le refroidissement. Couper en environ 14 barres.

brownie américain

Donne environ 15

2 gros œufs

225 g/8 oz/1 tasse de sucre cristallisé

50 g de beurre fondu ou de margarine

2,5 ml/½ cuillère à café d'essence de vanille (extrait)

75 g/3 oz/¾ tasse de farine nature (tout usage)

45 ml/3 cuillères à soupe de poudre de cacao (chocolat non sucré)

2,5 ml/½ cuillère à café de levure chimique

Pincée de sel

50 g de noix hachées grossièrement

Battre les œufs et le sucre jusqu'à obtenir une consistance épaisse et crémeuse. Incorporer le beurre et l'essence de vanille. Tamisez la farine, le cacao, la levure chimique et le sel et mélangez avec les noix. Verser dans un moule à cake carré de 20 cm de diamètre bien beurré (assiette). Cuire au four préchauffé à 180°C/350°F/thermostat 4 pendant 40-45 minutes, jusqu'à ce qu'il soit élastique au toucher. Laisser reposer 10 minutes dans le moule, puis couper en carrés et déposer sur une grille encore chaud.

Brownie au chocolat et fudge

Donne environ 16

225 g/8 oz/1 tasse de beurre ou de margarine

175 g/6 oz/¾ tasse de sucre en poudre

350 g/12 oz/3 tasses de farine autolevante (autolevante)

30 ml/2 cuillères à soupe de poudre de cacao (chocolat non sucré)

Pour le glaçage (glaçage) :
175 g/6 oz/1 tasse de sucre en poudre (confiserie), tamisé

30 ml/2 cuillères à soupe de poudre de cacao (chocolat non sucré)

Eau bouillante

Faire fondre le beurre ou la margarine, puis mélanger avec le sucre en poudre. Incorporer la farine et le cacao. Presser dans un moule à pâtisserie de 18 x 28 cm/7 x 11 tapissé de papier (plaque). Cuire au four préchauffé à 180°C/350°F/thermostat 4 pendant environ 20 minutes, jusqu'à ce qu'il soit élastique au toucher.

Pour faire le glaçage, tamisez le sucre en poudre et le cacao dans un bol et ajoutez une goutte d'eau bouillante. Mélanger jusqu'à ce que le tout soit bien mélangé, en ajoutant une goutte ou plus d'eau si nécessaire. Glacez les biscuits encore tièdes (mais pas brûlants), puis laissez-les refroidir avant de les couper en carrés.

Brownie aux noix et au chocolat

Donne 12

50 g/½ tasse de chocolat ordinaire (mi-sucré)

75 g/3 oz/1/3 tasse de beurre ou de margarine

225 g/8 oz/1 tasse de sucre cristallisé

75 g/3 oz/¾ tasse de farine nature (tout usage)

75 g/3 oz/¾ tasse de noix, hachées

50 g/2 oz/½ tasse de pépites de chocolat

2 oeufs, battus

2,5 ml/½ cuillère à café d'essence de vanille (extrait)

Faire fondre le chocolat et le beurre ou la margarine dans un bol résistant à la chaleur posé sur une casserole d'eau frémissante. Retirer du feu et mélanger avec le reste des ingrédients. Verser dans une plaque à pâtisserie graissée et farinée de 20 cm de diamètre et cuire au four préchauffé à 180°C/350°F/thermostat 4 pendant 30 minutes jusqu'à ce qu'un cure-dent inséré au centre en ressorte propre. Laisser refroidir dans le moule puis couper en carrés.

Barres de beurre

Donne 16

100 g/1/2 tasse de beurre ou de margarine molle

100 g/4 oz/½ tasse de sucre en poudre (très fin).

1 œuf, séparé

100 g / 4 oz / 1 tasse de farine nature (tout usage)

25 g/1 oz/¼ tasse de noix mélangées hachées

Crémer le beurre ou la margarine avec le sucre jusqu'à consistance légère et mousseuse. Incorporer le jaune d'œuf, puis la farine et les noix pour obtenir un mélange assez ferme. S'il est trop ferme, ajoutez un peu de lait ; si elle est fine, ajoutez un peu plus de farine. Transférer la pâte dans un moule à rouleau suisse graissé de 30 x 20 cm (12 x 8). Battez les blancs d'œufs en neige ferme et étalez-les sur le mélange. Cuire au four préchauffé à 180°C/350°F/thermostat 4 pendant 30 minutes jusqu'à ce qu'ils soient dorés. Laisser refroidir puis couper en barres.

Gâteau aux cerises et au caramel

Donne 12

100g/4oz/1 tasse d'amandes

225 g/8 oz/1 tasse de cerises glacées (confites), coupées en deux

225 g/8 oz/1 tasse de beurre ou de margarine, ramolli

225 g/8 oz/1 tasse de sucre cristallisé

3 œufs battus

100 g/4 oz/1 tasse de farine autolevante (autolevante)

50 g d'amandes moulues

5 ml/1 cuillère à café de levure chimique

5 ml/1 cuillère à café d'essence d'amande (extrait)

Répartir les amandes et les cerises au fond d'un moule à cake de 20 cm de diamètre beurré et recouvert de papier sulfurisé. Faites fondre 50 g/¼ tasse de beurre ou de margarine avec 50 g/¼ tasse de sucre, puis versez sur les cerises et les noix. Battre le reste du beurre ou de la margarine et du sucre jusqu'à consistance légère et mousseuse, puis ajouter les œufs et mélanger avec la farine, la poudre d'amandes, la levure chimique et l'essence d'amande. Versez le mélange dans le moule et lissez le dessus. Cuire au four préchauffé à 160°C/325°F/thermostat 3 pendant 1 heure. Laisser refroidir dans le moule pendant quelques minutes, puis retourner délicatement sur une grille, en grattant une partie du dessus du papier pour le recouvrir si nécessaire. Laisser refroidir complètement avant de trancher.

Gâteau aux pépites de chocolat

Donne 24

100 g/1/2 tasse de beurre ou de margarine molle

100 g/4 oz/½ tasse de cassonade molle

50 g/2 oz/¼ tasse de sucre en poudre (très fin).

1 oeuf

5 ml/1 cuillère à café d'essence de vanille (extrait)

100 g / 4 oz / 1 tasse de farine nature (tout usage)

2,5 ml/½ cuillère à café de bicarbonate de soude (bicarbonate de soude)

Pincée de sel

100 g/4 oz/1 tasse de pépites de chocolat

Crémer le beurre ou la margarine avec le sucre jusqu'à consistance légère et mousseuse, puis ajouter progressivement l'œuf et l'essence de vanille. Mélangez la farine, le bicarbonate de soude et le sel. Incorporer les pépites de chocolat. Verser dans un moule carré beurré et fariné d'un diamètre de 25 cm (plaque) et cuire au four préchauffé à 190°C/thermostat 2 pendant 15 minutes jusqu'à ce qu'il soit doré. Laissez refroidir puis coupez en carrés.

Une couche de crumble à la cannelle

Donne 12

pour la base de données :
100 g/1/2 tasse de beurre ou de margarine molle

30 ml/2 cuillères à soupe de miel léger

2 œufs légèrement battus

100 g / 4 oz / 1 tasse de farine nature (tout usage)

Pour le crumble :
75 g/3 oz/1/3 tasse de beurre ou de margarine

75 g/3 oz/¾ tasse de farine nature (tout usage)

75 g/3 oz/¾ tasse de flocons d'avoine

5 ml/1 cuillère à café de cannelle moulue

50 g/2 oz/¼ tasse de sucre demerara

Crémer le beurre ou la margarine avec le miel jusqu'à consistance légère et mousseuse. Ajoutez progressivement les œufs, puis ajoutez la farine. Versez la moitié du mélange dans un moule à cake carré beurré de 20 cm de diamètre (plateau) et lissez la surface.

Pour faire le crumble, frottez le beurre ou la margarine avec la farine jusqu'à ce que le mélange ressemble à de la chapelure. Incorporer les flocons d'avoine, la cannelle et le sucre. Versez la moitié du streusel dans le moule, saupoudrez du reste de la préparation à gâteau et du reste du streusel. Cuire au four préchauffé à 190°C/375°F/thermostat 5 pendant environ 35 minutes, jusqu'à ce qu'un cure-dent inséré au centre en ressorte propre. Laisser refroidir puis couper en barres.

Barres collantes à la cannelle

Donne 16

225 g/8 oz/2 tasses de farine nature (tout usage)

10 ml / 2 cuillères à café de levure chimique

225 g/8 oz/1 tasse de cassonade molle

15 ml/1 cuillère à soupe de beurre fondu

250 ml/8 oz/1 tasse de lait

30 ml/2 cuillères à soupe de sucre demerara

10 ml/2 cuillères à café de cannelle moulue

25 g/2 cuillères à soupe de beurre refroidi et coupé en cubes

Mélanger la farine, la levure chimique et le sucre. Ajouter le beurre fondu et le lait et bien mélanger. Presser le mélange dans deux moules carrés (plateaux) d'un diamètre de 23 cm/9 pouces. Saupoudrez le dessus de sucre Demerara et de cannelle, puis pressez des morceaux de beurre sur la surface. Cuire au four préchauffé à 180°C/350°F/thermostat 4 pendant 30 minutes. Le beurre fera des trous dans le mélange et deviendra collant à la cuisson.

Barres à la noix de coco

Donne 16

75 g/3 oz/1/3 tasse de beurre ou de margarine

100 g / 4 oz / 1 tasse de farine nature (tout usage)

30 ml/2 cuillères à soupe de sucre fin

2 oeufs

100 g/4 oz/½ tasse de cassonade molle

Pincée de sel

175 g/6 oz/1½ tasse de noix de coco séchée (râpée)

50 g/2 oz/½ tasse de noix mélangées hachées

Glaçage à l'orange

Frottez le beurre ou la margarine avec la farine jusqu'à ce que le mélange ressemble à de la chapelure. Mélangez le sucre et pressez-le dans un moule carré non graissé d'un diamètre de 23 cm/9 (plaque). Cuire au four préchauffé à 190°C/350°F/thermostat 4 pendant 15 minutes jusqu'à ce que le mélange soit pris.

Mélangez les œufs, la cassonade et le sel, puis incorporez la noix de coco et les noix et étalez sur la croûte. Cuire au four pendant 20 minutes jusqu'à ce que le tout soit pris et doré. Glacer avec le glaçage à l'orange une fois refroidi. Couper en barres.

Barres sandwich à la noix de coco et à la confiture

Donne 16

25 g/1 oz/2 cuillères à soupe de beurre ou de margarine

175 g/6 oz/1½ tasse de farine autolevante (autolevante)

225 g/8 oz/1 tasse de sucre cristallisé

2 jaunes

75 ml/5 cuillères à soupe d'eau

175 g/6 oz/1½ tasse de noix de coco séchée (râpée)

4 blancs d'œufs

50 g/2 oz/½ tasse de farine nature (tout usage)

100 g/1/3 tasse de confiture de fraises (en conserve)

Frotter le beurre ou la margarine dans la farine auto-levante, puis mélanger avec 50 g de sucre. Battre les jaunes d'œufs avec 45 ml/3 cuillères à soupe d'eau et incorporer au mélange. Presser le fond d'un moule à rouleaux suisses graissé de 30 x 20 cm/12 x 8 pouces (moule à gelée) et piquer avec une fourchette. Cuire au four préchauffé à 180°C/350°F/thermostat 4 pendant 12 minutes. Laisser refroidir.

Mettez la noix de coco râpée, le reste du sucre, l'eau et un blanc d'œuf dans une casserole et remuez à feu doux jusqu'à cc que le mélange devienne grumeleux sans brunir. Laisser refroidir. Incorporer la farine ordinaire. Battez les blancs d'œufs restants en neige ferme, puis incorporez-les au mélange. Étalez la confiture sur le fond puis recouvrez de glaçage à la noix de coco. Cuire au four pendant 30 minutes jusqu'à ce qu'ils soient dorés. Laisser refroidir dans le moule avant de découper en barres.

Plateau de dattes et pommes

Donne 12

1 pomme cuite (tarte), pelée, épépinée et hachée

225 g/8 oz/11/3 tasse de dattes dénoyautées, hachées

150 ml/¼ pt./2/3 tasse d'eau

350 g/12 oz/3 tasse de flocons d'avoine

175 g de beurre fondu ou de margarine

45 ml/3 cuillères à soupe de sucre demerara

5 ml/1 cuillère à café de cannelle moulue

Mettez les pommes, les dattes et l'eau dans une casserole et laissez mijoter environ 5 minutes jusqu'à ce que les pommes soient tendres. Laisser refroidir. Mélangez les flocons d'avoine, le beurre ou la margarine, le sucre et la cannelle. Versez la moitié de la pâte dans un moule à cake carré beurré de 20 cm de diamètre et lissez la surface. Disposez dessus le mélange de pommes et de dattes, puis recouvrez avec le reste du mélange d'avoine et lissez la surface. Appuyez doucement. Cuire au four préchauffé à 190°C/375°F/thermostat 5 pendant environ 30 minutes jusqu'à ce qu'ils soient dorés. Laisser refroidir puis couper en barres.

tranches de dattes

Donne 12

225 g/8 oz/11/3 tasse de dattes dénoyautées, hachées

30 ml/2 cuillères à soupe de miel léger

30 ml/2 cuillères à soupe de jus de citron

225 g/8 oz/1 tasse de beurre ou de margarine

225 g/8 oz/2 tasses de farine de blé entier (blé entier).

225 g/8 oz/2 tasse de flocons d'avoine

75g/3oz/1/3 tasse de cassonade molle

Faites cuire les dattes avec le miel et le jus de citron à feu doux pendant quelques minutes jusqu'à ce que les dattes soient tendres. Frottez le beurre ou la margarine avec la farine et les flocons d'avoine jusqu'à ce que le mélange ressemble à de la chapelure, puis mélangez avec le sucre. Versez la moitié du mélange dans une plaque à pâtisserie carrée de 20 cm de diamètre, beurrée et recouverte de papier sulfurisé. Étalez dessus le mélange de dattes, puis terminez avec le reste du mélange à gâteau. Appuyez fermement. Cuire au four préchauffé à 190°C/375°F/thermostat 5 pendant 35 minutes, jusqu'à ce qu'il soit élastique au toucher. Laisser refroidir dans le moule, puis couper en tranches encore tièdes.

Les barres de grand-mère

Donne 16

100 g/1/2 tasse de beurre ou de margarine molle

225 g/8 oz/1 tasse de cassonade molle

2 œufs légèrement battus

175 g/6 oz/1½ tasse de farine nature (tout usage)

2,5 ml/½ cuillère à café de bicarbonate de soude (bicarbonate de soude)

5 ml/1 cuillère à café de cannelle moulue

Une pincée de clous de girofle moulus

Une pincée de muscade râpée

175 g/6 oz/1 tasse de dattes dénoyautées (sans pépins), hachées

Crémer le beurre ou la margarine avec le sucre jusqu'à consistance légère et mousseuse. Ajoutez progressivement les œufs en battant bien après chaque ajout. Mélanger le reste des ingrédients jusqu'à ce que le tout soit bien mélangé. Verser dans un moule carré de 23 cm (plaque) graissé et fariné et cuire au four préchauffé à 180°C/350°F/thermostat 4 pendant 25 minutes, jusqu'à ce qu'un cure-dent inséré au centre en ressorte propre. Laisser refroidir puis couper en barres.

Barres aux dattes et à l'avoine

Donne 16

175 g/6 oz/1 tasse de dattes dénoyautées (sans pépins), hachées

15 ml/1 cuillère à soupe de miel léger

30 ml/2 cuillères à soupe d'eau

225 g/8 oz/2 tasses de farine de blé entier (blé entier).

100 g/1 tasse de flocons d'avoine

100 g/4 oz/½ tasse de cassonade molle

150 g de beurre fondu ou de margarine

Faites cuire les dattes, le miel et l'eau dans une petite casserole jusqu'à ce que les dattes soient tendres. Mélangez la farine, les flocons d'avoine et le sucre, puis ajoutez le beurre fondu ou la margarine. Presser la moitié du mélange dans un moule carré graissé (plaque) d'un diamètre de 18 cm/7, saupoudrer du mélange de dattes, puis saupoudrer du reste du mélange d'avoine et presser doucement. Cuire au four préchauffé à 180°C/350°F/thermostat 4 pendant 1 heure, jusqu'à ce qu'il soit ferme et doré. Laisser refroidir dans le moule et couper en barres encore tièdes.

Barres aux dattes et aux noix

Donne 12

100 g/1/2 tasse de beurre ou de margarine molle

150g/5oz/2/3 tasse de sucre cristallisé

1 œuf légèrement battu

100 g/4 oz/1 tasse de farine autolevante (autolevante)

225 g/8 oz/11/3 tasse de dattes dénoyautées, hachées

100 g/1 tasse de noix hachées

15 ml/1 cuillère à soupe de lait (facultatif)

100 g/4 oz/1 tasse de chocolat nature (mi-sucré)

Crémer le beurre ou la margarine avec le sucre jusqu'à consistance légère et mousseuse. Incorporez l'œuf, puis la farine, les dattes et les noix, en ajoutant un peu de lait si le mélange est trop ferme. Verser dans un moule à pâtisserie graissé de 30 x 20 cm/12 x 8 (moule à gelée) et cuire au four préchauffé à 180°C/350°F/thermostat 4 pendant 30 minutes, jusqu'à ce qu'il soit élastique au toucher. Laisser refroidir.

Faire fondre le chocolat dans un bol résistant à la chaleur posé sur une casserole d'eau frémissante. Répartir sur le mélange et laisser refroidir et prendre. Couper en bâtonnets avec un couteau bien aiguisé.

Barres aux figues

Donne 16

225 g de figues fraîches hachées

30 ml/2 cuillères à soupe de miel léger

15 ml/1 cuillère à soupe de jus de citron

225 g/8 oz/2 tasses de farine de blé entier (blé entier).

225 g/8 oz/2 tasse de flocons d'avoine

225 g/8 oz/1 tasse de beurre ou de margarine

75g/3oz/1/3 tasse de cassonade molle

Faites cuire les figues, le miel et le jus de citron à feu doux pendant 5 minutes. Laisser refroidir légèrement. Mélangez la farine et les flocons d'avoine, puis incorporez le beurre ou la margarine et mélangez avec le sucre. Presser la moitié du mélange dans un moule à cake carré (poêle) beurré de 20 cm de diamètre, puis verser dessus le mélange aux figues. Couvrir avec le reste du mélange à gâteau et presser fermement. Cuire au four préchauffé à 180°C/350°F/thermostat 4 pendant 30 minutes jusqu'à ce qu'ils soient dorés. Laisser refroidir dans le moule, puis couper en tranches encore tièdes.

Flapjacks

Donne 16

75 g/3 oz/1/3 tasse de beurre ou de margarine

50 g/3 cuillères à soupe de golden (sirop de maïs léger).

100 g/4 oz/½ tasse de cassonade molle

175 g/6 oz/1½ tasse de flocons d'avoine

Faire fondre le beurre ou la margarine avec le sirop et le sucre, puis mélanger avec les flocons d'avoine. Placer dans un moule carré de 20 cm graissé et cuire au four préchauffé à 180°C/350°F/thermostat 4 pendant environ 20 minutes, jusqu'à ce qu'il soit légèrement doré. Laisser refroidir légèrement avant de couper en barres, puis laisser refroidir complètement dans le moule avant de démouler.

Flapjacks aux cerises

Donne 16

75 g/3 oz/1/3 tasse de beurre ou de margarine

50 g/3 cuillères à soupe de golden (sirop de maïs léger).

100 g/4 oz/½ tasse de cassonade molle

175 g/6 oz/1½ tasse de flocons d'avoine

100 g/1 tasse de cerises glacées (confites), hachées

Faire fondre le beurre ou la margarine avec le sirop et le sucre, puis incorporer les flocons d'avoine et les cerises. Placer dans un moule carré (étain) graissé d'un diamètre de 20 cm et cuire au four préchauffé à 180°C/350°F/thermostat 4 pendant environ 20 minutes, jusqu'à ce qu'il soit légèrement doré. Laisser refroidir légèrement avant de couper en barres, puis laisser refroidir complètement dans le moule avant de démouler.

Flapjacks au chocolat

Donne 16

75 g/3 oz/1/3 tasse de beurre ou de margarine

50 g/3 cuillères à soupe de golden (sirop de maïs léger).

100 g/4 oz/½ tasse de cassonade molle

175 g/6 oz/1½ tasse de flocons d'avoine

100 g/4 oz/1 tasse de pépites de chocolat

Faire fondre le beurre ou la margarine avec le sirop et le sucre, puis incorporer les flocons d'avoine et les pépites de chocolat. Placer dans un moule carré graissé (étain) d'un diamètre de 20 cm et cuire au four préchauffé à 180°C/350°F/thermostat 4 pendant environ 20 minutes jusqu'à ce qu'il soit légèrement doré. Laisser refroidir légèrement avant de couper en barres, puis laisser refroidir complètement dans le moule avant de démouler.

Flapjacks fruités

Donne 16

75 g/3 oz/1/3 tasse de beurre ou de margarine

100 g/4 oz/½ tasse de cassonade molle

50 g/3 cuillères à soupe de golden (sirop de maïs léger).

175 g/6 oz/1½ tasse de flocons d'avoine

75 g de raisins secs, raisins secs ou autres fruits secs

Faire fondre le beurre ou la margarine avec le sucre et le sirop, puis mélanger avec les flocons d'avoine et les raisins secs. Verser dans un moule carré (étain) graissé d'un diamètre de 20 cm et cuire au four préchauffé à 180°C/350°F/thermostat 4 pendant environ 20 minutes, jusqu'à ce qu'il soit légèrement doré. Laisser refroidir légèrement avant de couper en barres, puis laisser refroidir complètement dans le moule avant de démouler.

Flapjacks aux fruits et aux noix

Donne 16

75 g/3 oz/1/3 tasse de beurre ou de margarine

100 g/1/3 tasse de miel pur

50 g/2 oz/1/3 tasse de raisins secs

50 g/2 oz/½ tasse de noix, hachées

175 g/6 oz/1½ tasse de flocons d'avoine

Faire fondre le beurre ou la margarine avec le miel à feu doux. Ajouter les raisins secs, les noix et les flocons d'avoine et bien mélanger. Verser dans un moule carré graissé (étain) d'un diamètre de 23 cm et cuire au four préchauffé à 180°C/350°F/thermostat 4 pendant 25 minutes. Laisser refroidir dans le moule et couper en barres encore tièdes.

Flapjacks au gingembre

Donne 16

75 g/3 oz/1/3 tasse de beurre ou de margarine

100 g/4 oz/½ tasse de cassonade molle

50 g/3 cuillères à soupe de sirop d'un pot de gingembre

175 g/6 oz/1½ tasse de flocons d'avoine

4 morceaux de tige de gingembre finement hachée

Faire fondre le beurre ou la margarine avec le sucre et le sirop, puis ajouter les flocons d'avoine et le gingembre. Placer dans un moule carré graissé (étain) d'un diamètre de 20 cm et cuire au four préchauffé à 180°C/350°F/thermostat 4 pendant environ 20 minutes jusqu'à ce qu'il soit légèrement doré. Laisser refroidir légèrement avant de couper en barres, puis laisser refroidir complètement dans le moule avant de démouler.

Flapjacks aux arachides

Donne 16

75 g/3 oz/1/3 tasse de beurre ou de margarine

50 g/3 cuillères à soupe de golden (sirop de maïs léger).

100 g/4 oz/½ tasse de cassonade molle

175 g/6 oz/1½ tasse de flocons d'avoine

100 g/1 tasse de noix mélangées hachées

Faire fondre le beurre ou la margarine avec le sirop et le sucre, puis ajouter les flocons d'avoine et les noix. Placer dans un moule carré graissé (étain) d'un diamètre de 20 cm et cuire au four préchauffé à 180°C/350°F/thermostat 4 pendant environ 20 minutes jusqu'à ce qu'il soit légèrement doré. Laisser refroidir légèrement avant de couper en barres, puis laisser refroidir complètement dans le moule avant de démouler.

Biscuits épicés au citron

Donne 16

100 g / 4 oz / 1 tasse de farine nature (tout usage)

100 g/1/2 tasse de beurre ou de margarine molle

75 g/3 oz/½ tasse de sucre en poudre (confiserie), tamisé

2,5 ml/½ cuillère à café de levure chimique

Pincée de sel

30 ml/2 cuillères à soupe de jus de citron

10 ml/2 cuillères à café de zeste de citron râpé

Mélanger la farine, le beurre ou la margarine, le sucre en poudre et la levure chimique. Verser dans un moule carré (étain) beurré d'un diamètre de 23 cm et enfourner au four préchauffé à 180°C/thermostat 4 pendant 20 minutes.

Mélanger le reste des ingrédients et battre jusqu'à ce que le mélange soit léger et mousseux. Placez une cuillère sur le fond chaud, réduisez la température du four à 160°C/325°F/thermostat 3 et remettez au four encore 25 minutes, jusqu'à ce qu'il soit élastique au toucher. Laissez refroidir puis coupez en carrés.

Carrés Moka et Noix de Coco

Cela fait 20

1 oeuf

100 g/4 oz/½ tasse de sucre en poudre (très fin).

100 g / 4 oz / 1 tasse de farine nature (tout usage)

10 ml / 2 cuillères à café de levure chimique

Pincée de sel

75 ml/5 cuillères à soupe de lait

75 g/3 oz/1/3 tasse de beurre ou de margarine, fondu

15 ml/1 cuillère à soupe de poudre de cacao (chocolat non sucré)

2,5 ml/½ cuillère à café d'essence de vanille (extrait)

Pour la garniture :

75 g/3 oz/½ tasse de sucre en poudre (confiserie), tamisé

50 g de beurre fondu ou de margarine

45 ml / 3 cuillères à soupe de café noir fort et chaud

15 ml/1 cuillère à soupe de poudre de cacao (chocolat non sucré)

2,5 ml/½ cuillère à café d'essence de vanille (extrait)

25 g/1 oz/¼ tasse de noix de coco séchée (râpée)

Battre les œufs et le sucre jusqu'à consistance légère et mousseuse. Ajouter la farine, la levure chimique et le sel en alternant avec le lait et le beurre fondu ou la margarine. Mélanger avec le cacao et l'essence de vanille. Versez le mélange dans un moule à cake carré de 20 cm graissé et enfournez dans un four préchauffé à 200°C/400°F/thermostat 6 pendant 15 minutes, jusqu'à ce qu'il soit bien levé et élastique au toucher.

Pour préparer le glaçage, mélangez le sucre en poudre, le beurre ou la margarine, le café, le cacao et l'essence de vanille. Placer sur le gâteau chaud et saupoudrer de flocons de noix de coco. Laisser refroidir dans le moule, puis démouler et couper en carrés.

Bonjour Dolly Cookies

Donne 16

100 g de beurre ou de margarine

100 g/1 tasse de biscuit digestif

(biscuits Graham) miettes

100 g/4 oz/1 tasse de pépites de chocolat

100 g / 4 oz / 1 tasse de noix de coco séchée (râpée)

100 g/1 tasse de noix hachées

400 g/14 oz/1 grande boîte de lait concentré

Faire fondre le beurre ou la margarine et mélanger avec la chapelure de biscuit. Pressez le mélange au fond d'un moule à cake beurré et recouvert de papier d'aluminium de dimensions 28 x 18 cm/11 x 7. Saupoudrez de copeaux de chocolat, puis de flocons de noix de coco et enfin de noix. Versez le lait concentré dessus et faites cuire au four préchauffé à 180°C/350°F/thermostat 4 pendant 25 minutes. Coupez en barres encore tièdes, puis laissez refroidir complètement.

Barres de noix de coco et chocolat

Donne 12

75 g/3 oz/¾ tasse de chocolat au lait

75 g/3 oz/¾ tasse de chocolat nature (mi-sucré)

75 g/3 oz/1/3 tasse de beurre d'arachide croquant

75 g / 3 oz / ¾ tasse de chapelure de biscuits digestifs (craquelins Graham).

75 g/3 oz/¾ tasse de noix, concassées

75 g / 3 oz / ¾ tasse de noix de coco séchée (râpée)

75 g/3 oz/¾ tasse de chocolat blanc

Faire fondre le chocolat au lait dans un bol résistant à la chaleur posé sur une casserole d'eau frémissante. Étalez-la au fond d'un moule à cake carré de 23 cm de diamètre (plateau) et laissez prendre.

Faites fondre délicatement le chocolat noir et le beurre de cacahuète à feu doux, puis incorporez la chapelure de biscuits, les noix et la noix de coco. Étaler sur le chocolat pris et laisser refroidir jusqu'à ce qu'il soit pris.

Faire fondre le chocolat blanc dans un bol résistant à la chaleur posé sur une casserole d'eau frémissante. Arroser les génoises en un motif, puis laisser prendre avant de couper en barres.

Carrés aux noix

Donne 12

75 g/3 oz/¾ tasse de chocolat nature (mi-sucré)

50 g de beurre ou de margarine

100 g/4 oz/½ tasse de sucre en poudre (très fin).

2 oeufs

5 ml/1 cuillère à café d'essence de vanille (extrait)

75 g/3 oz/¾ tasse de farine nature (tout usage)

2,5 ml/½ cuillère à café de levure chimique

100 g/1 tasse de noix mélangées hachées

Faire fondre le chocolat dans un bol résistant à la chaleur au-dessus d'une casserole d'eau frémissante. Remuer jusqu'à ce que le beurre fonde, puis incorporer le sucre. Retirer du feu et ajouter les œufs et l'essence de vanille. Ajouter la farine, la levure chimique et les noix. Versez le mélange dans un moule à gâteau carré de 25 cm graissé et enfournez dans un four préchauffé à 180°C/350°F/thermostat 4 pendant 15 minutes jusqu'à ce qu'il soit doré. Pendant qu'il est encore chaud, coupez-le en petits carrés.

Tranches de noix de pécan et d'orange

Donne 16

375 g/13 oz/3¼ tasse de farine nature (tout usage)

275 g/10 oz/1¼ tasse de sucre cristallisé

5 ml/1 cuillère à café de levure chimique

75 g/3 oz/1/3 tasse de beurre ou de margarine

2 oeufs, battus

175 ml/6 oz/¾ tasse de lait

200 g / 7 oz / 1 petite boîte de mandarines, égouttées et hachées grossièrement

100 g/1 tasse de noix de pécan, hachées

Zeste finement râpé de 2 oranges

10 ml/2 cuillères à café de cannelle moulue

Mélangez 325 g/12 oz/3 tasses de farine, 225 g/8 oz/1 tasse de sucre et la levure chimique. Faire fondre 50 g de beurre ou de margarine et mélanger avec les œufs et le lait. Mélanger délicatement le liquide aux ingrédients secs jusqu'à consistance lisse. Ajouter les mandarines, les pacanes et le zeste d'orange. Verser dans une plaque à pâtisserie beurrée et recouverte de papier sulfurisé, dimensions : 30 x 20 cm/12 x 8 cm. Mélangez le reste de la farine, le sucre, le beurre et la cannelle et saupoudrez sur la pâte. Cuire au four préchauffé à 180°C/350°F/thermostat 4 pendant 40 minutes jusqu'à ce qu'ils soient dorés. Laisser refroidir dans le moule, puis couper en 16 tranches environ.

Parking

Donne 16 carrés

100 g de saindoux (court)

100 g de beurre ou de margarine

75g/3oz/1/3 tasse de cassonade molle

100 g/1/3 tasse de doré (sirop de maïs léger).

100 g/1/3 tasse de mélasse noire (mélasse)

10 ml/2 cuillères à café de bicarbonate de soude (bicarbonate de soude)

150 ml/¼ pt./2/3 tasse de lait

225 g/8 oz/2 tasses de farine de blé entier (blé entier).

225 g/8 oz/2 tasse de flocons d'avoine

10 ml/2 cuillères à café de gingembre moulu

2,5 ml / ½ cuillère à café de sel

Faire fondre le saindoux, le beurre ou la margarine, le sucre, le sirop et la mélasse dans une poêle. Dissoudre le bicarbonate de soude dans le lait et mélanger avec le reste des ingrédients dans une casserole. Verser dans un moule à gâteau carré de 20 cm (plateau) beurré et chemisé et cuire au four préchauffé à 160°C/325°F/thermostat 3 pendant 1 heure jusqu'à ce que le mélange soit pris. Il peut s'effondrer au milieu. Laisser refroidir, puis conserver quelques jours dans une boîte hermétique avant de couper en carrés et de servir.

barres de beurre de cacahuète

Donne 16

100 g/4 oz/1 tasse de beurre ou de margarine

175 g/6 oz/1¼ tasse de farine nature (tout usage)

175 g/6 oz/¾ tasse de cassonade molle

75g/3oz/1/3 tasse de beurre de cacahuète

Pincée de sel

1 petit jaune d'oeuf battu

2,5 ml/½ cuillère à café d'essence de vanille (extrait)

100 g/4 oz/1 tasse de chocolat nature (mi-sucré)

50 g/2 oz/2 tasse de flocons de riz soufflé

Frottez le beurre ou la margarine avec la farine jusqu'à ce que le mélange ressemble à de la chapelure. Ajoutez le sucre, 30 ml/2 cuillères à soupe de beurre de cacahuète et le sel. Incorporer le jaune d'œuf et l'essence de vanille et mélanger jusqu'à ce que le tout soit bien mélangé. Presser dans un moule à cake carré de 25 cm de diamètre (plateau). Cuire au four préchauffé à 160°C/325°F/thermostat 3 pendant 30 minutes, jusqu'à ce qu'il soit levé et élastique au toucher.

Faire fondre le chocolat dans un bol résistant à la chaleur au-dessus d'une casserole d'eau frémissante. Retirer du feu et incorporer le reste du beurre de cacahuète. Incorporer les céréales et bien mélanger jusqu'à ce qu'elles soient enrobées du mélange de chocolat. Déposez la pâte avec une cuillère et lissez la surface. Laisser refroidir, puis refroidir et couper en barres.

Tranches de pique-nique

Donne 12

225 g/8 oz/2 tasses de chocolat nature (mi-sucré)

50 g de beurre ou de margarine molle

100 g/4 oz/½ tasse de sucre en poudre

1 œuf légèrement battu

100 g / 4 oz / 1 tasse de noix de coco séchée (râpée)

50 g/1/3 tasse de raisins secs (raisins dorés)

50 g / 2 oz / ¼ tasse de cerises glacées (confites), hachées

Faire fondre le chocolat dans un bol résistant à la chaleur posé sur une casserole d'eau frémissante. Verser au fond d'un moule à roulette beurré et recouvert de papier sulfurisé de 30 x 20 cm (12 x 8). Crémer le beurre ou la margarine avec le sucre jusqu'à consistance légère et mousseuse. Ajoutez progressivement l'œuf, puis incorporez la noix de coco, les raisins secs et les cerises. Étaler sur le chocolat et cuire au four préchauffé à 150°C/300°F/thermostat 3 pendant 30 minutes jusqu'à ce qu'il soit doré. Laisser refroidir puis couper en barres.

Barres ananas-coco

Cela fait 20

1 oeuf

100 g/4 oz/½ tasse de sucre en poudre (très fin).

75 g/3 oz/¾ tasse de farine nature (tout usage)

5 ml/1 cuillère à café de levure chimique

Pincée de sel

75 ml/5 cuillères à soupe d'eau

Pour la garniture :

200 g/1 petite boîte d'ananas égoutté et haché

25 g/1 oz/2 cuillères à soupe de beurre ou de margarine

50 g/2 oz/¼ tasse de sucre en poudre (très fin).

1 jaune

25 g/1 oz/¼ tasse de noix de coco séchée (râpée)

5 ml/1 cuillère à café d'essence de vanille (extrait)

Battre l'œuf et le sucre jusqu'à ce qu'ils soient légers et pâles. Ajouter la farine, la levure chimique et le sel en alternant avec l'eau. Verser dans un moule carré graissé et fariné (18 cm de diamètre) et cuire au four préchauffé à 200°C/400°F/thermostat 6 pendant 20 minutes jusqu'à ce qu'il soit bien levé et élastique au toucher. Disposez l'ananas sur le gâteau chaud. Faites chauffer le reste des ingrédients du glaçage dans une petite casserole à feu doux, en remuant constamment jusqu'à ce que le tout soit bien mélangé, sans laisser bouillir. Placez une cuillère sur l'ananas, puis remettez le gâteau au four pendant encore 5 minutes, jusqu'à ce que le dessus soit doré. Laisser refroidir dans le moule pendant 10 minutes, puis retirer sur une grille pour terminer le refroidissement avant de couper en barres.

Gâteau à la levure de prune

Donne 16

15 g de levure fraîche ou 20 ml/4 cuillères à café de levure sèche

50 g/2 oz/¼ tasse de sucre en poudre (très fin).

150 ml/¼ pt./2/3 tasse de lait chaud

50 g de beurre fondu ou de margarine

1 oeuf

1 jaune

250 g/9 oz/2¼ tasses de farine nature (tout usage)

5 ml/1 cuillère à café de zeste de citron finement râpé

675 g de prunes coupées en quartiers et dénoyautées (sans pépins)

Sucre en poudre (de confiserie), tamisé, à saupoudrer

Cannelle moulue

Mélangez la levure avec 5 ml/1 cuillère à café de sucre et un peu de lait tiède et réservez dans un endroit tiède pendant 20 minutes jusqu'à ce qu'elle mousse. Mélangez le reste du sucre et du lait avec le beurre fondu ou la margarine, l'œuf et le jaune. Mélangez la farine et le zeste de citron dans un bol et faites un puits au centre. Incorporer progressivement le mélange de levure et le mélange d'œufs pour former une pâte molle. Battre jusqu'à ce que la pâte soit très lisse et que des bulles commencent à apparaître à la surface. Presser délicatement dans un moule à cake carré de 25 cm de diamètre beurré et fariné (plateau). Disposez les prunes rapprochées sur le dessus du gâteau. Couvrir d'un film alimentaire huilé et réserver dans un endroit tiède pendant 1 heure jusqu'à ce qu'il double de volume. Placer dans un four préchauffé à 200°C/400°F/thermostat 6, puis réduisez immédiatement la température du four à 190°C/375°F/gaz 5 et enfournez pendant 45 minutes. Réduisez la température du four à 180°C/350°F/gaz 4 et faites cuire encore 15 minutes, jusqu'à ce qu'ils soient dorés. Saupoudrez le gâteau encore chaud de sucre en poudre et de cannelle, puis laissez-le refroidir et coupez-le en carrés.

Barres américaines à la citrouille

Cela fait 20

2 oeufs

175 g/6 oz/¾ tasse de sucre cristallisé

120 ml/4 fl oz/½ tasse d'huile

225 g de potiron cuit coupé en dés

100 g / 4 oz / 1 tasse de farine nature (tout usage)

5 ml/1 cuillère à café de levure chimique

5 ml/1 cuillère à café de cannelle moulue

2,5 ml/½ cuillère à café de bicarbonate de soude (bicarbonate de soude)

50 g/1/3 tasse de raisins secs (raisins dorés)

glaçage pour gâteau au fromage à la crème

Battez les œufs jusqu'à ce qu'ils soient légers et mousseux, puis ajoutez le sucre et l'huile et mélangez avec la citrouille. Fouetter ensemble la farine, la levure chimique, la cannelle et le bicarbonate de soude jusqu'à ce que le tout soit bien mélangé. Incorporer les raisins secs. Versez le mélange dans un moule à pâtisserie de 30 x 20 cm/12 x 8 cm (plateau à gelée) graissé et fariné et enfournez dans un four préchauffé à 180°C/thermostat 4 pendant 30 minutes jusqu'à ce que le mélange soit pris. un cure-dent dedans, l'intérieur ressort propre. Laisser refroidir, puis tartiner de glaçage au fromage à la crème et couper en barres.

Barres aux coings et aux amandes

Donne 16

450 g de coings

50 g/2 oz/¼ tasse de saindoux (shortening)

50 g de beurre ou de margarine

100 g / 4 oz / 1 tasse de farine nature (tout usage)

30 ml/2 cuillères à soupe de sucre fin

Environ 30 ml/2 cuillères à soupe d'eau

Pour le remplissage:
75 g/3 oz/1/3 tasse de beurre ou de margarine, ramollie

100 g/4 oz/½ tasse de sucre en poudre (très fin).

2 oeufs

Quelques gouttes d'essence d'amande (extrait)

100 g/1 tasse d'amandes moulues

25 g/1 oz/¼ tasse de farine nature (tout usage)

50 g / 2 oz / ½ tasse d'amandes effilées (hachées)

Épluchez les coings, épépinez-les et coupez-les en fines tranches. Placez-le dans une casserole et versez simplement de l'eau dessus. Porter à ébullition et cuire environ 15 minutes jusqu'à ce qu'ils soient tendres. Égoutter l'excès d'eau.

Frottez le saindoux et le beurre ou la margarine avec la farine jusqu'à ce que le mélange ressemble à de la chapelure. Incorporer le sucre. Ajoutez suffisamment d'eau pour obtenir une pâte molle, puis étalez-la sur une surface légèrement farinée et tapissez le fond et les côtés d'un moule à rouleau suisse de 30 x 20 cm (12 x 8 pouces). Piquez le tout avec une fourchette. A l'aide d'une écumoire, déposez les coings sur la pâte.

Battre ensemble le beurre ou la margarine et le sucre, puis ajouter progressivement les œufs et l'essence d'amande. Incorporez la poudre d'amandes et la farine et saupoudrez de coings. Saupoudrer les amandes hachées dessus et cuire au four préchauffé à 180°C/350°F/thermostat 4 pendant 45 minutes, jusqu'à ce qu'elles soient fermes et dorées. Couper en carrés une fois refroidi.

barres aux raisins

Donne 12

175 g/6 oz/1 tasse de raisins secs

250 ml/8 fl oz/1 tasse d'eau

75 ml/5 cuillères à soupe d'huile

225 g/8 oz/1 tasse de sucre cristallisé

1 œuf légèrement battu

200 g/7 oz/1¾ tasse de farine nature (tout usage)

1,5 ml/¼ cuillère à café de sel

5 ml/1 cuillère à café de bicarbonate de soude (bicarbonate de soude)

5 ml/1 cuillère à café de cannelle moulue

2,5 ml/½ cuillère à café de muscade râpée

2,5 ml/½ cuillère à café de piment de la Jamaïque moulu

Une pincée de clous de girofle moulus

50 g/2 oz/½ tasse de pépites de chocolat

50 g/2 oz/½ tasse de noix, hachées

30 ml/2 cuillères à soupe de sucre en poudre (confiserie), tamisé

Portez à ébullition les raisins secs et l'eau, puis ajoutez l'huile, retirez du feu et laissez refroidir légèrement. Mélangez le sucre en poudre et l'œuf. Mélangez la farine, le sel, le bicarbonate de soude et les épices. Incorporer le mélange de raisins secs, puis les pépites de chocolat et les noix. Verser dans un moule carré (plateau) graissé d'un diamètre de 30 cm et cuire au four préchauffé à 190°C/375°F/thermostat 5 pendant 25 minutes, jusqu'à ce que la pâte commence à se décoller des parois du moule. . Laisser refroidir avant de saupoudrer de sucre en poudre et de couper en barres.

Carrés à l'avoine et aux framboises

Donne 12

175 g/6 oz/¾ tasse de beurre ou de margarine

225 g/8 oz/2 tasses de farine autolevante (autolevante)

5 ml/1 cuillère à café de sel

175 g/6 oz/1½ tasse de flocons d'avoine

175 g/6 oz/¾ tasse de sucre cristallisé

300 g/11 oz/1 boîte moyenne de framboises, égouttées

Frotter le beurre ou la margarine avec la farine et le sel, puis mélanger avec les flocons d'avoine et le sucre. Presser la moitié du mélange dans un moule carré de 25 cm de diamètre beurré. Étalez les framboises dessus et recouvrez du reste du mélange en pressant bien. Cuire au four préchauffé à 200°C/400°F/thermostat 6 pendant 20 minutes. Laisser légèrement refroidir dans le moule avant de découper en carrés.

www.ingramcontent.com/pod-product-compliance
Lightning Source LLC
Chambersburg PA
CBHW070408120526
44590CB00014B/1309